共感の農村ツーリズム

人の流動・経済循環を創りたい

河村 律子　中村 均司
中村 貴子　髙田 晋史

編著

晃洋書房

i

共感に支えられた農村と都市のコラボレーションをめざして

　本書は，特定非営利活動法人日本都市農村交流ネットワーク協会（以下，本協会）が創立15周年の節目を迎えるに当たり，企画したものです．本協会は，名称の通り，都市と農村の交流を推進し，同時に都市農村交流に関わる人々のネットワーク化をめざして活動してきました．

　この間，社会・経済環境の変化と農業・農村の変貌には大きいものがあり，加えて一昨年からはコロナ禍により交流活動の制約が余儀なくされました．都市と農村の様々な要素の共通化と差異の縮小，また，都市農村交流の新たな展開がみられる中で，グリーン・ツーリズムの範疇や都市農村交流の今日的な意義が問われています．こうした中，これからの交流ならびに農業・農村の展望について，執筆者による検討研究会を持ちました．農村へ単に訪れるだけではなく，都市と農村の双方がその地域をより理解し，地域に愛着や責任を持っていけるような交流ができたら……．議論から紡ぎだされたキーワードが「共感」でした．これがアフターコロナの農村と都市との交流に必要な概念であり，これを今こそ多くの人に伝えたい，との共通認識が得られたのです．

キーワードとしての共感

　本協会では，都市農村交流の様々な形を「グリーン・ツーリズム」として捉え，それが農村地域の持続可能な発展や伝統文化の継承に寄与できることを，設立時から意識してきました．共感の概念については第1章で詳しく述べていますので詳細はそちらに譲りますが，これをキーワードにしたのは，次のような趣旨によります．

　まず，本協会のめざすツーリズムが「交流を楽しむ滞在型の余暇活動」といった一般的なグリーン・ツーリズムの定義に収まるものであっていいのか，という問題意識です．緑豊かな農村風景を楽しみ，その文化を知り，農産物の恩恵を味わい，生産者と交流する，といったツーリズムは，確かにそれだけで

も意味のあることですが，一方で，都市住民が農村を消費対象とするだけに陥る危険性があります．農村部に長期滞在することで地域経済への一定の寄与は望めますが，そうした経済効果があればよしとしていいのだろうか，という課題提起です．よく「交流によるもてなし疲れ」という表現が使われることもありますが，方法を間違えれば交流が長続きしない危険性があります．また，滞在した都市住民にとっても，農村の真の良さを理解することにつながらないでしょう．それに対して，都市住民が農村地域やそこに住む人々に共感を持って交流することになれば，農村をより知ることができ，それまで見えなかった農村の魅力に気づくはずです．また，農村にとっても自分達の地域の魅力を再認識することになり，次のよりよい交流への原動力が湧いてきます．こうした点から「共感」を重要なキーワードとしました．

　同時に，都市と農村は対立的な，あるいは，完全に切り離されたものではなく，連続的で相互補完的なものであるとの認識があります．本協会の活動拠点である京都市は人口150万人の都市ですが，市域面積828 km²の58％にあたる480 km²が都市計画法による都市計画面積であり，残りの348 km²は山間部など農村的な要素の多い地区です．都市計画面積においても，市街化地域（市街化している，あるいは，優先的・計画的に市街化を図るべき区域）は150 km²（市全体の18％）でしかありません．その市街化地域においても農地が存在しており，また，330 km²（同40％）の市街化調整区域（市街化を抑制すべき区域）には当然農地がひろがっています．市街地から1時間も車で走れば京都市を離れ，風景はがらりと変わって，農地がひろがる地域に入ります．このように都市内部に農村要素が存在すると同時に，都市と農村は隣接しています．そしてその間には，人・モノ・情報といった生活基盤そのものが常に行き来しているのです．もちろん，京都市が日本の典型的な都市の姿であるとは言えませんが，車で1時間走れば風景が変わる，あるいは，人・モノ・情報が日常的に往来しているといった状況は，都市化がより進んだ地域においてもあることです．こうした状況は，都市農村交流に共感が生まれる基盤として十分なはずです．

　ただし，「ツーリズム」と「共感」の2語を並べただけでは具体的な形が見えないと思います．それで，私達は共感をキーワードとして農村ツーリズムをいくつかの方向から読み解きたいと考えました．

共感を得るために

　キーワードとして共感を置くとして，では，どうすれば共感を醸成することができるのでしょうか．都市と農村が互いに共感を持つためには，特に，都市住民が農村に共感を持つためにはどうしたらいいのか，これがキーワード設定の次に考えたことです．ここで言う農村は農村資源や農村空間，景観，生活様式などを含む広義のものです．農村を知らずして共感を持てるはずがありません．では，どのようにして知ればいいのでしょうか．また，農村のどのような姿を知ればいいのでしょうか．よい面を知ればいいのか，悪い面も知る必要があるのか，また，現状の背後にある歴史もある程度知らなければならないのか，農村側から見た姿だけでいいのか．多角的に見ることで，よりよく知ることができるはずです．さらに，ツーリズムや交流にも様々な形があります．人と人が直接相対（あいたい）で話をすることは当然として，モノや情報の行き来も重要な交流であり，そこに共感が生まれることは多々あります．また，共感の有無によってモノや情報の価値が変わってきます．このように，どんどん話は膨らみます．

　幸い，当協会には多様な会員がいます．現場の生産者である農家や農業法人，地方自治体職員で農村活性化に関わってきた人，生協など農産物流通に関わっている人，農業や農村社会の研究者，そして職業とは関係なく都市農村交流に興味がある人などです．こうした多彩な人々がそれぞれの立場から農村を読み解けば，農村を多角的に捉えることができ，読者が農村を知るのにおおいに役立つのではないか，同時に，ツーリズムについても視野を広げることができるのではないかと考えました．

本書の構成

　こうした議論を経て，本書は構成されています．ですから，一般的な農村交流の手引きといった形はとっていません．農村を捉える視点を多角的に提示しながら，都市農村の交流の様々な形を示すとともに，その位置づけを提案していきます．

　本書は11の章と11のコラムで構成されています．1章ごとに独立していますので，読者はどの章から読んでも，その章の内容を理解することができます．

関心のある章から読んでいただければいいですが，第1章は最初に読んでいただきたいと思います．本書の基軸である共感の意味と役割，農村と農村社会の特徴，共感の農村ツーリズムによる断絶の超克など，農村理解の基礎と新たな交流の展望を示します．第2章以降は，大きな流れとして，ツーリズム，農村資源，モノを通した交流，人による交流，となっています．

　農業・農村やその課題については，第1，2，4，7，10章において，それぞれの立場と視点から述べています．現在実施されている主な交流については，第3，6，8，9章において，それぞれの歴史を含め取組みを紹介しています．第5章では協同組合での共感・連携について都市農村交流との相違点と共通する課題・接点を示し，第11章では農業大学校の卒業生の進路から次世代の担い手について分析します．

　コラムでは，農村と交流への理解促進のため，農業者による生産現場からの報告，交流主催者の実践報告，交流参加者の感想，行政・研究からの情報などを提供します．

　各章を読み進めるうちに他の章で記載されていることばや内容との重なりに気づかれることと思います．様々な要素が組み合わされて成り立っているのが農村の特徴です．そのことを頭の片隅において本書に臨めば，農村や交流への興味と共感が一層深まることと思います．

4　農のある心豊かなライフスタイル

　本書は，都市農村交流に関心のある全ての人に読んでいただきたいと思っています．それも非常に広範囲の人々を想定しています．

　まず，学生です．農学部や生命環境学部など農や食を専門として学んでいる人はもちろんのこと，専門を問わず，地域づくりや起業に関心を持っている人や就農を考えている人など，多様な学生を想定しています．

　つぎに，都市農村交流に何らかの形で関わっている人です．農家や農業生産法人，農村の魅力を発信したいと考えている人，食品流通業者，6次産業に取り組んでいる人，地方公共団体の職員，そして，食や農に興味を持っている都市住民などです．さらには，単純に「共感」や「農村ツーリズム」のことばに気を引かれた人にも，ぜひ読んでいただきたいと思います．

　先に書いたように，共感を持って農村との交流をおこなえば，農村をよりよ

く知ることができます．知ることによってさらに共感と交流が深まり，それが一層農村を知り，共感の度合いが深まり，という好循環を生み出したいと考えています．本書がまずめざすのは，その最初の一歩となることです．加えて交流を経て農村をより深く知るようになった時にも，絶えず見方を再確認できるような，一過性に終わらない好循環を生み支えることができればと考えています．

　そして，そうした好循環のさきに，未来志向のライフスタイルである「農のあるライフスタイル」が見えてくることを願っています．「農のあるライフスタイル」とは，自然を大切にし，生命を育む営みである「農」を，生き方や価値観に取り入れた未来志向のライフスタイルです．都市と農村がコラボレートした共感のツーリズムを通して，心豊かな生活が社会に浸透することを願っています．

（河村律子・中村均司・中村貴子・髙田晋史）

第1章 共感する農村と都市
──ツーリズムからの響き合い──

 動物との共感・人との共感

　共感を通じて人はどこまで他者とつながることができるのだろうか．農村と都市の共感的なつながりにおいて，農村ツーリズムはどのように作用するのか．それが本章の問いである．しかし，人が農村や農村社会，農村住民と出会うときの共感を考える前に，ここではまず人と動物との共感から話を始めたい．

　近年，世界的に注目されている課題として家畜福祉（アニマル・ウェルフェア）がある．人が飼養する動物に対して，苦痛や苦悩を与えることなく，その動物本来の生活のしかたに近い環境を整えて育てるという考え方である．この背後には，経済効率が優先されて劣化してきた家畜の飼養環境の改善や，動物も含めた総福祉の向上，動物への権利の拡大などが主要な関心として控えている．しかし，共感を考えるにあたって，ここで注目したいのは，そうした動物や家畜の定義に関わる日欧間の違いにある．

　欧州では1999年に発効したアムステルダム条約において，動物は「意識ある存在」（sentient beings）と定義されている．他方，1999年に名称変更された日本の動物愛護管理法では，「動物が命あるものであることにかんがみ」とあり，命あるものとして動物が定義されている．動物の定義について，欧米では「意識」が，日本では「命」が重視されていることがわかる［佐藤 2005］．

　この違いは，かなり根本的である．動物の「命」が重視されると，その死が注目される．日本では，動物の死を悼むために供養の儀式を開催したり，供養碑を建立したりという対応となる．他方，「意識」が重視されると生きている間の扱いに注目が向けられる．先に述べた家畜福祉は，動物が生きている間に幸せに暮らせることを目的としている．意識あるがゆえに，生きている間の苦痛や苦悩の除去が課題となるのだ．そのように考える欧州においては，家畜福祉が進むことになる．

　家畜動物に意識があることを重視する基礎には，家畜に対してかわいそうと

思う共感が存在している［佐藤 2005］．他方，動物を「命」で判断する日本において，家畜福祉への関心はいっこうに高まらない．そう考えると，家畜の苦痛や苦悩を自分の感情におきかえて思いやる能力が，私達よりも欧州人のほうにより備わっていることになる．家畜が究極の他者であるとすると，人としての他者に対しても同様のことが日欧の違いとして想定できるのではないか．本章で展開するように，共感には人と人をつなげて行動を生起させる潜在力がある．しかし，どうやらその潜在力は，誰にでもどこででも同じように働くものではないらしい．農村に進む前にもう少し道草して，共感ということの学術的な意味について，もう少し掘り下げてみよう．

2　共感の先天性と社会文化性

　21世紀になって盛んになってきた共感性に関する研究は，神経科学や動物行動学，発達心理学，実験経済学，社会心理学などにまたがる学際的な研究分野として世界的に立ち現れている．日本でも，2010年代の半ばに 2 つの学会誌で相次いで特集が組まれている[1]．ここでは，農村ツーリズムにおいて共感という視角がどこまで有効かという関心から，共感の先天性（生まれながら性）と社会文化性という点を意識しながら概観しておこう．

　まず，共感には 2 つの側面がある．ひとつは，「情動共有」（emotion sharing）とも呼ばれ，他者の痛みや苦しみなどの情動が感染的に伝わったり，他者の経験が自分のものとして共有されたりする側面である．他者がケガして痛がったり，悲しみに打ちひしがれたりするシーンに出会うときに，自分も同様の感覚や感情を追体験する場合がそれである．もうひとつは，「視点取得」（perspective-taking）であり，他者の立場に立って他者の心的状態を推論する過程をさす．たとえば，飢えに苦しむ子ども達を見て難民支援に寄附するとき，たんに情動を共有するだけでなく，相手が何を求めているかを想像する必要がある．この知識に基づく部分が「視点取得」といってよい．この 2 つは，それぞれの共感が働く際に脳内で活動する神経経路が異なるということからも明確に区別される［村田ほか 2015］．

　共感はこの 2 つの側面の複合によって起きる．この 2 つを比較すると前者の「情動共有」が先天的で生まれながらのものであり，後者の「視点取得」が社会文化的条件に規定されるように思えるが，共感はこの 2 つの側面の複合とし

て現れるため，その2つの側面と生まれながらか社会文化規定的かという分類がぴったり重なるわけではない．しかし，特に身近な血縁や友達ではない第三者的な他者への共感が抱かれる度合いは，人々の社会化の過程で得た経験に左右されるとの意見があり［増田 2015］，第三者がおかれた状況を想像するには社会文化性に基づく「視点取得」が必要になる．

　このことは，共感がおよぶ範囲の問題とも関連する．血縁や親しい友人，すなわち内集団における痛みや苦しみを自分のこととして感じ，「情動共有」することは容易に想定できる．しかし，身近な人々の間でのみ共感が成立するのでは，農村ツーリズムの目標として考えたい農村と都市の連帯という幅広い課題に対して不十分となる．つまり，内集団での共感がその外にある外集団へといかにひろがるか，あるいは外集団へと拡張するための条件とは何かということが考察されなければならない．

　農村ツーリズムにおいて，農村と都市の双方向の共感が求められるとしても，その性格上，圧倒的には都市から農村への共感が要請されることになる．そのとき，外集団へと共感を広げていくには，生まれながらの共感だけでなく，社会文化的に条件付けられる共感の働きも必要となり，都市にとっては外集団となる農村についての知識が「視点取得」のための基礎となる．そこで次に，共感の対象となる農村が作り上げてきた社会と空間の特徴について整理しよう．

 3　農村理解の基礎──生活保障による連帯──

　日本の農村社会は高度な定住型社会であるといってよい．商人や漁民など，移動を前提とした生活を送る人々も存在したが，それらは周辺的存在であることが多く，農村社会の屋台骨を支えたのは定住して農業に関わる人々であった．米を除いて，かつては生産した農産物などが広く域外に流通し，生活を維持するための貨幣を安定的に獲得することはむずかしかった．したがって，定住型社会においては，自らが支配・管理できる資源の限度内で，いかに次世代へとつながる生活を存続させていくが最大の課題となる．

　その課題に対処するために，日本の農村では多くの組織が形成されてきた．その代表が，家族の特殊日本的形態ともいわれるイエ（家）であり，地域社会組織としてのムラ（集落）である．日本の農村はほかのアジア諸国の農村と比較しても，組織化された集団が多い[2]．日本の農村社会学の草分けである鈴木榮

太郎が集団の累積として農村社会の特徴を捉え，その結果，ムラの範囲に多くの集団が累積し，しかもその範囲で固有の社会規範があることを示したのはつとに有名である．特徴的な方法論を生み出すほどに，日本の農村は集団的な組織化傾向が強い．

　日本の家族であるイエは，たんなる血縁と婚姻，養子からなる親族集団ではなかった．より充実した組織をつくり生活の困難を乗り切るために，血族以外の成員も取り込む柔軟性が備わっていた．外部へとつながっていくのではなく，成員組成の考え方を柔軟にすることによって，必要な人を内側に取り込む方法で生活の安定をめざしたのである．

　イエの連合としてのムラは，限られた資源で生き延びていくために，イエを規制する色合いが強い．各イエが所有する水田がムラ内の耕地のあちこちに点在する状況にあっては，水田に必要な水を確保するにも共同での対処が必要となり，用水路管理の作業もムラの統制のもとに共同でおこなわれた．山林もかつては共同で所有されている場合が多く，そのときには過剰利用を避けるために厳しい利用規制が設けられていた．その規制を実行する主体がムラだったのである．一般に，ムラは自治の単位として，また行政の下請けの対象としてその集団的な重要性を維持してきた．ムラは，生産基盤の管理はもちろん，冠婚葬祭などの生活面にいたるまで，多くは規制として，多少は楽しみの提供の場として，農村社会に大きな影響を与えてきたのである．

4　農村理解の基礎——作品としての景観——

　農村ツーリズムの楽しみのひとつは，緑の多い開放的な空間と景観を楽しむことにある．**写真1-1**は，京都府南丹市美山町北集落の遠景である．この集落は，1993（平成5）年に国の重要伝統的建造物群保存地区に指定されている．保存の中心はかやぶき家屋が並ぶ家並みにあるが，その周囲の景観も含めて保存地区に指定された．

　この写真の全ての場所に人の手が入っており，その景観はむしろ作品ともいえる仕上がりである．手前にひろがる農地（水田）に人手が入っていることは当たり前である．米という生産物が（現在では少しだけとなってしまった）利益を生むものの，水田の維持は当座の採算を度外視して投入されてきた労力の結果である．その後ろの家屋と道はもちろん明らかな人工物である．その背後の山

写真1-1　かやぶき集落の景観（京都府南丹市北集落）
出所）2021年，筆者撮影.

もけっして「自然」ではない．少し濃く見えるところは杉の木で，人が植林したものだ．薄い色の部分は落葉の広葉樹である．家屋の近辺に杉の木が多いのは，将来に自分の家屋を建て替えるときに利用する目的で便利なところに植えたためである．この写真では顕著でないが，土地の痩せた尾根筋は崩落の危険もあるので植林はせず，水の豊富で土も肥沃な谷筋から杉を植えるという知恵もあり，それが景観に反映する．

　農村ツーリズムの対象になるような場所の自然とは結局，完全に人の手の入った自然であり，人の労力によって管理されてきた自然である．それは，管理が行き届かなくなると「荒れた」景観になることからもわかる．共感は感情の共有感覚が前提となるので，感情のないモノではなく，基本的に人を対象として発動される．農村に住む人に対して，田畑や山林，家屋，庭，道などを維持し管理してきた主体であることも含めて共感することが，景観や自然環境が重要な資源となる農村ツーリズムにおいて働く共感の鍵となる．

5　農村社会と共感

　重層的な組織を結成して周りの資源を利用，維持管理しながら，生活保障を実現してきたのが農村の暮らしであった．集団を組織して生活保障を図るという戦略をとるとき，いかに集団内部での結束を固めるかが重要になるので，共感の範囲も内集団に限定されてくる．別の社会学の用語でいうと，人と人との関係性をひとつの資源と考える社会関係資本の考え方において，人々をつなぐ

橋渡し型（bridging）の資本蓄積ではなく，人々の結合力を強める結束型（bonding）の資本蓄積が，日本の農村を支えてきた集団原理であった．

　農村に接するとき，この内集団に閉ざされた共感ということが壁になることはいろいろな場面で指摘されている．典型例は都市からの農村移住や農業参入における農村社会あるいはムラの慎重な対応においてみられる．内集団で生活と生産の仕組みを作り上げてきた社会にとって，外部から人を受入れ，農地利用を認めることは経験が少なく，ノウハウが蓄積されていない．他方，とくに山間地のムラは人口が減少し高齢化したため，移住の推奨は行政課題になっている．地域行政や研究者，ひいては都市の側全般からの移住者の受入れの要請は農村の側にとって圧力として感じられるほどである．

　近年では，交流と定住をつなぐ「関係人口」という概念が政策に取り入れられつつ提案されている．関係人口とは「特定の地域に継続的に関心をもち，関わるよそ者」とも定義づけられており［田中 2021］，定住はしなくても顔のわかる関係にある来訪者をさす．関係人口に注目する場合，地域再生が課題となるので，関係人口として来訪する人とそれに呼応する住民との共働関係に焦点が向かう［田中 2021］．それらの関係者間に共感は生まれていると考えられるが，より地域住民側に立つとき，従来の農村社会内部における共感と外集団も含めた共感との間の関係が問題となる．

　一般に，ムラは内集団の結束に関心が向かい，外集団と共感するためのノウハウに弱い．しかし，ムラは一律ではない．先にムラの範囲で固有の社会規範が形成されていると述べたが，それぞれに固有であるがゆえに，内集団の結束が強い例から外集団に対して比較的オープンでムラを超えて共感も働きやすい例までいろいろである．こうしたムラごとの社会的個性は，「村がら」と呼ばれることもある［山下ほか 2003］．やや研究者的関心になるが，外集団との共感が得られやすいかどうかという視点から，ムラの個性としての「村がら」を想像するのも農村ツーリズムの面白味のひとつになるかもしれない．

6　生活感覚の断絶――都市の拡大――

　すぐに集団をつくりたがるのは，なにも農村に限ったことではない．都市の若者であってもその傾向が確認される．たとえば大学に簇生（そうせい）するサークルはその例である．集団をつくって関係を安定させて，仲間うちの結束を固める．

しかし，自然資源を利用しながらの暮らしとそれと結合して組織化された集団で生きる農村の生活感覚は，通常の都市生活からは容易に想像はつかない．都市生活に慣れ親しんだ人にとって，農村生活はまさしく異文化なのである．この農村と都市の間に横たわる生活感覚の断絶は，第2次大戦後の都市化過程の産物である．1950年の農家人口比率は全人口の45％であった．その後，大量の人口が農村から都市へと移動したが，農村出身であれば農村の生活感覚を肯定的にせよ否定的にせよ理解することもできる．しかし，いくら両親の出身地が農村であっても，年に1，2度，お客さんとして帰省するときに親についていくだけの世代にとって，農村は異世界となる．

　どこの農村の家庭にも電化製品がそろい，テレビが受信できて，今どきならインターネットさえつながっている．もちろんスマホも普及している．そうしたメディアから流れてくる情報は農村でも都市でも同じだ．しかし，都市の人にとって，近頃の雨や気温，木々の色の変化や，雪解け水の量が日常的にどこまで気になるだろうか．あるいは，鳥のさえずりや虫の音，蛙の声，雲のかたちから季節の移り変わりをどこまで意識しているだろうか．ムラ内を中心とする濃密な人間関係にくわえて，自然のリズムとともに生きる生活感覚が農村暮らしの特徴なのである［秋津 2007］．

　農村ツーリズムは都市民にとって農村がそうした異世界であるからこそ成り立つ．しかし，ディズニーランドのようなまったくの異世界ではない．私達は，ツーリズムの対象として農村から利益を受けるだけでなく，農業に関連した国土保全などのそのほかの多面的機能，そしてなにより，私達の日々の生を支える食料の供給を受けている．実際に接して得られる人と人との共感を超えた関係が，その背後にひろがっているのである．

 ## 7　共感による連帯──断絶を超えて──

　ツーリズムによる人との出会いとそこで発生する共感が農村と都市の断絶を乗り越える大きなきっかけになることは間違いない．ツーリズムが生み出す共感が新しいつながりや認識のきっかけとなる可能性については，すでにあちこちで指摘されている．特に，貧困地区へのスタディツアーや死の歴史と結びついた戦跡ツアーなどは，そこでの現在あるいは過去の人達との共感を通じて，構造的な貧困や過去の戦争が現代の私達の生活と地続きでつながっていること

が感じ取られる機会になると，それらは概ね肯定的に評価されている［須藤 2016；須永 2017］．

　ツーリズムは日常の生活領域を越境していく活動である．したがって，そのままであれば内集団に留まる共感の対象を外集団へと広げていく作用がある．農村を訪れて，季節を感じつつ生きる暮らし，土とふれあう暮らしを営む人に共感する．暑い夏や寒い夏，ドカ雪などの気象災害，多雨や少雨，土砂崩れなどに敏感に影響を受ける暮らしに共感する．明日は収穫と思っていた作物を鳥獣にとられる窮状に共感する．そして，農村で生きていくことの楽しさと厳しさに共感する．これらの共感を通じて，農村の暮らしや状況を自分のこととして感じ取る可能性がひろがる．また，都市の暮らしを相対化する視点を得る．

　しかし，共感が人との直接的な情緒の共有すなわち先に述べた「情動共有」のみに留まるならば，ツーリズムで出会った農家民泊の A さんに対してはその後の「親せきづきあい」が可能となっても，同じ境遇にある全国の農家に対する共感へとひろがる可能性は低くなる．「エモい」だけでは社会的な連帯は生まれない．そこで働きが期待されるのが，「視点取得」の側面である．知識や経験によって，私達は出会った人の境遇がたんにその人だけに当てはまるのではなく，広く地域や国，さらには世界中の農村に当てはまるという考えを働かせる．そうした「視点取得」が「情動共有」と重なることにより，一過性の情動を超えた農村ツーリズムにおける共感の意義が現れる．

　他方，ツーリズムと共感とのつながりには批判もある．たとえば，根深い人種や民族差別が根底にあるとき，貧困地区へのスタディツアーで共感が生まれたとしても，結局は自分の拠って立つ前提を疑問視する問いにまで発展せず，差別や非対称性の根源の解消に向かわないという指摘がある［Tucker 2016］．日本の農村の例でいえば，農業や農水産加工業，食品加工業において外国人労働力の存在意義がますます高まっているなかで[3]，そうした人々を対象とするスタディツアーが企画された場合を想定すればよいだろうか．そのときに，農村ツーリズムは共感という手段によって，内集団を超えて自らの根本的な立ち位置を再考させる機会を創り出せるだろうか．

8　共感の農村ツーリズムの未来

　共感の農村ツーリズムが対象とするのは，農村の人と接するツーリズムであ

る．農山村地域に設けられた最近流行のグランピングを目的地にして，そこの
スタッフと少し話をするだけのツーリズムとは違う．人と接して，そこにある
暮らしと人生に共感するツーリズムである．

人や暮らしに共感して情緒が動かされることによって，その場所や人とのつ
ながりが強められてリピーターとなり，お金を落として農村経済を支える力と
なる．その線としてのつながりが毛糸玉のように折り重なって厚くなり，農村
と都市が連帯する未来像を描くこともできる．個別の選好の積み重ねによって
社会をよくするという意味で，新自由主義的な匂いのする解決策である．この
方向を否定する理由はない．

しかし，共感の線を増やすのではなく，個別の共感の範囲を広げていくとい
う選択もある．それは，Aさんの住む地域全体を共感の対象とするというよ
うに，地理的な範囲として水平的に広げることもできる．さらに，自らの日常
の拠り立つ地点を反省して掘り下げるような垂直的な共感の範囲の拡大もある．
これは，先の批判に連動した自分の立ち位置そのものを再考する共感である．

共感の範囲を広げるという課題に接近する手がかりは，やはり，学習や経験
によって形成され，社会文化的に規定された「視点取得」にある．国土や資源
の保全・管理，私達の生の根源となる食料供給ということ通じて，都市の暮ら
しが農村の暮らしとつながっているという知識は，少し関心をもてばすぐに身
につく視点である．しかし，そのつながりは現代社会のなかで，多国籍に展開
する企業やメディア，広告，科学技術などによって，迂遠化され見えにくくさ
れている［秋津 2018］．米の値段が下がって暮らしが窮屈になったとか，野菜
の値段が下がったままだとか，シカにくわえてイノシシも現れるようなったと
か，夏が暑すぎて米の出来が悪いなどの悩みの背後に，加工食品に押されて減
少した米消費，安価な輸入野菜の増加，建築における木材離れと山林への手入
れ放棄，私達の暮らしやすさに起因する地球温暖化などのより広い社会課題が
存在している．農村の目の前の人との共感を次の一歩に進めるためには，そう
した広く深い視野での「視点取得」による認識の回路が必要となる．

農村ツーリズムを楽しいだけで終わらせずに，未来の社会を考えるための
きっかけとすること．食や環境に関わる課題についての深く広い「視点取得」
と，現在や過去の人と接することによる「情動共有」が合わさることにより，
農村ツーリズムで得られた共感は，農村においても都市においても人にとって
暮らしやすい未来の構築へと貢献できるのである．

注

1） 『心理学評論』58(3)，2015年，および『エモーション・スタディーズ』1(1)，2015年.
2） たとえば中国農村との比較については，田原［2019］を参照．明確な組織を設立することなく，しかしながら地域課題を住民の共同のもとに解決していく中国農村の姿が描かれている.
3） 伊藤・崔［2021］を参照．特に，第3章『「食の外部化」と外国人労働者——食料品製造業を中心に——」（飯田悠哉・伊藤泰郎）は，食品加工業のなかで潜在化して見えなくなっている外国人労働者に焦点をあてており，日常を問い直す気づきを与えてくれる.

引用文献

秋津元輝［2007］「カルチュラル・ターンする田舎：今どき農村社会研究ガイド」，野田公夫編『生物資源問題と世界（生物資源から考える21世紀の農学　第7巻)』京都大学学術出版会.
————［2018］「農と食をめぐる今日的課題——世界のなかの日本——」，秋津元輝・佐藤洋一郎・竹之内裕文編『農と食の新しい倫理』昭和堂.
伊藤泰郎・崔博憲編［2021］『日本で働く——外国人労働者の視点から——』松籟社.
増田貴彦［2015］「共感性研究の発展のための理論的枠組み：村田・齋藤・樋口・亀田論文へのコメント」『心理学評論』58(3).
村田藍子・齋藤美松・樋口さとみ・亀田達也［2015］「ヒト社会における大規模協力の礎としての共感性の役割」『心理学評論』58(3).
佐藤衆介［2005］『アニマルウェルフェア——動物の幸せについての科学と倫理——』東京大学出版会.
須藤廣［2016］「ダークツーリズムが持つ現代性と両義性」『立命館大学人文科学研究所紀要』110.
須永和博［2017］「他者化から共感へ——釜ヶ崎まちスタディー・ツアーを事例として——」『立命館大学人文科学研究所紀要』111.
田原史起［2019］『草の根の中国——村落ガバナンスと資源循環——』東京大学出版会.
田中輝美［2021］『関係人口の社会学——人口減少時代の地域再生——』大阪大学出版会.
Tucker, Hazel［2016］Empathy and tourism: Limits and possibilities. *Annals of Tourism Research*, 57.
山下裕作・八木洋憲・大呂興平・植山秀紀［2003］「「村がら」と地域振興」『農業土木学会誌』71(10).

（秋津 元輝）

column 1　体験から経験へ──自然をどう活かす──

　子ども達が自然の中で過ごすことの重要性について教育の現場や研究の場で言われるようになりました．自然に触れ，それらを理解することによって命の大切さを知ったり，想像力・発想力を養ったり，探求心・自主性が育まれたり，といった子どもの成長にとってとても大切な力を育ててくれることが注目されるようになってきました．私達が小さい頃はそれが当たり前であったのかもしれませんが，近年では都会でも田舎でもこうした経験を重ねることが難しくなってきたのではないかと思います．田舎でも？　と思う方がおられるかもしれませんが，過疎化の進行する田舎では子どもの数も減り，子ども同士住んでいる地域がばらばらで学校から帰ったら友達に会いに行くにも遠くて，そういった機会が少なくなっているように思います．子ども同士の場合だけではなく，山や川で一緒に遊んであげられる大人達も減ってきています．

　私は人と自然との距離が離れてきている現代に危機感を持ち，美山町に移住して20年になります．自然を守るためには人々が自然の大切さを知り，農山村の暮らしの糧にすること，つまり「自然を守り活かす」ことが必要なのだと学生時代に美山の先輩方から学んだ私は，それを実現するために，いろいろなことに取り組んできました．田畑を耕し作物を育てること，野生動物を捕って食べること，山や川を案内すること，子ども達に自然体験の場を提供すること，全てがそこに通じるのですが，どれひとつとっても簡単なことではありませんでした．なぜ難しいのか．それは，こうした活動を継続させるためには「川や山の自然が守られていること」「経済的に成り立つこと」「その活動を支える社会があること」といった要素が，欠かせないものだからだと思います．

　社会の動きや，気候変動などで微視的にも巨視的にも変化が激しい今の世の中では，持続力のある活動を行うことは本当に難しいです．

　美山町には山村留学という制度があります．小学校が数年前までは5つありましたが，今は5つの小学校が合併して美山小学校というひとつの小学校になっています．合併前の5つの小学校のうちの1つ，知井小学校では子どもの数が減ってきたことを地域の問題として考え，山村留学を始めました．今から20年以上前のことです．山村留学センターという寄宿舎に子ども達が生活し，小学校に通い，毎週木曜日には里親と呼ばれる家庭に子ども達が分かれてホームステイをします．

　わが家ではわが子のために里親をはじめました．毎週木曜日になったら山留生がうちにやってくるのです．はじめは互いに緊張していた子どもも日を追うごとに打ち解けていきます．面白いのは，1年だけ留学して帰ると宣言してい

た子ども達が，春が近くなると「やっぱりもう 1 年いる！」と言い始めるのです．日暮れの遅い夏至の頃は，学校から帰ったら外で遊び，5 時には暗くなってしまう冬至の頃は家の中で遊んだり，特別なことをしているわけではないのですが，山村留学に来た子ども達にとっては自分が生まれ育った環境とは違う中での出来事に何か刺激があるのでしょう．美山で育った子ども達は無意識に当たり前に自然を感じているのに比べて，山村留学の子ども達の方が空の景色や，川の流れや四季の山の移り変わりなどをより鮮明に感じ取っているかもしれません．

　体験的に，1 日だけ川で泳いだり，山を歩いたりするのと，毎日の暮らしの中で自然に触れるというのは全く質の違うものになります．繰り返すことで体験から経験になり，そこから考える力が芽生えていきます．昨日ここにマムシがいたから気を付けよう，葉っぱを触ったら手が切れてしまったからあの葉っぱは素手で触らないようにしよう，あそこの土手はめちゃめちゃ滑るから避けよう，など体験を積み重ねていくことができるようになります．木曜日の夕方だけではなく，もっともっと多くの経験をさせてあげたいと常々思います．

　食育も同じことがいえると思います．新鮮な野菜を一度だけ食べて美味しいと思うか，繰り返し食べることで腸も活発になり身体が美味しいと感じるか，体験ではなく経験になることで，感じ方も深みを増すのではないでしょうか．

　こうした経験は子どもも大人も現代人には不足しています．都市の人が農山村に繰り返し出かけて行き，頭や身体を全て使って多くの経験を重ねていくプログラムがもっと増えていくことが必要なのではないかと思います．反対に農山村の人も自分達にとっては当たり前と感じている環境をもっと活かす努力が必要です．木材や農産物を生み出すこと，国土を保全することも農山村の大きな役割ではありますが，「自然を活かすこと」にも日本の農山村の役割があるのではないでしょうか．都市と農山村が互いにそれぞれの欠点を補完しあいながら持続的な社会を創ることができれば良いと，ささやかに試みを続けようと思っています．

（鹿取　悦子）

第2章 共感の風土ツーリズムを仕掛ける
——農村革命は伝統を守ったものしか起こせない——

 1 農山村の風土とは

（1）農山村の「なりわい」の消滅が招く危機

　江戸時代，かつてムラは，農業のほかにも大工左官，屋根葺き，野鍛冶，桶づくり，石工など暮らしに必要な「なりわい」を持ち，自立していた．自治力があったのである．しかし明治以降，近代化が農山村にも忍び寄り農林業が専業化すると，ムラの仕事は専門の集団や事業者が請け負うようになり，相互扶助の「講」[1]や「結い」[2]も一部の地域で存続しているのみで消滅していった．

　農山村の自治力の衰退は，重要文化財である城や神社仏閣，無形文化遺産など伝統の工芸や芸能などにも危機的な状況をもたらしている．なぜなら文化財の保全には「漆」や「本ニカワ」「柿渋」などの伝統的ななりわい技術が欠かせないからである．サブカルチャーではない方の「クールジャパン」の文化を下支えしているのは，農山村の「なりわい」だったのである．さらに地域の大切な歴史を持つ祭りさえ，維持できずに終わりを迎えているところもある．農山村が危機的に衰退していく今，もう一度，先祖からバトンを受けた自分達が，地元のなりわいや文化による風土のもつ価値を見出し，農山村社会を維持していく必要がある．風土とは，自然と人間の関係性により成立するもので，人間がいない原生自然や大宇宙といったものをふつう含まない．人間の住む「居住域」と「非居住域」を区別する地理学の立場では，前者が風土に相当する［木岡 2018］．

（2）水から地域を俯瞰する

　瑞穂の国と詠われた日本．水と共生したことの証として，水神様や田の神様，蛇に河童，龍伝説などが全国に存在しており，水は農耕や暮らしに欠かすことができないものであった．

　川の流れと豊富な伏流水は，藍染めや和紙など伝統的な日本の技術による製

品＝"ザ・ジャパニーズ"を始め，酒造りや染め物，味噌，醤油づくりといった生活の周縁のなりわいを創発していった．しかし時代を経ると，保水に大切な山林は切り崩され，河川や水路はコンクリート化し，水辺との暮らしは乖離していった．

　コロナ禍で痛んでいる社会に，かつての治水の想定を超える異常豪雨が頻発し，農業も甚大な被害を受けている．国内のみならず，世界では地球温暖化による影響と思われる干ばつや豪雨といった激甚災害が発生している．しかし幸か不幸か，世界中における新型コロナの蔓延により人の動きが抑えられ，二酸化炭素排出量が鈍化するという結果も出たとされている．このCO_2等排出量の減少が地球温暖化に与える影響は限定的とはいうものの，経済成長一本槍の世界に対して，循環型の持続可能な社会へ戻りなさいという地球からのメッセージと捉えることも必要である．[3)]

　信州教育（信濃教育）の異端者，三澤勝衛（1885-1937）は，1929年の世界大恐慌後に発生した国内の農村恐慌のころ，「構造的個性を持った販売・流通方式は，『単品一元方式』でなく，『多品目少量生産方式』と結びついた柔軟な市場対応，すなわち多元的流通システム」が必要だと生産方式からマーケティングに至るまで言及をしている［三澤 2008］．さらに「大産地における大量生産・販売システムは早晩，崩壊する．そうした産地をめざすのではなく，地域の風土に根ざして地産地消を進めるべき」，そして生産手法についても「土も病み，人も病む」と，化学肥料や農薬多投はするべきではない，と有機農業への移行を示唆した．

　さすがに糞尿が金肥と尊ばれ，尿が火薬の原料となっていた時代ではないが，現在の環境危機が同根とすれば，現代は，大量生産や大量廃棄の農業界から，循環型や環境保全型の農業界への転換点であることを示唆しているかもしれない．農業がどのように進化しようと農事暦をはじめ，古来より農民が脈々と伝えてきた営みなど日本農業の心を次世代に繋いでいくことが大切である．良い意味で捉えれば，コロナ禍がもたらした生活様式の変化は，時代がもたらした近代農村の苦難を乗り越えるための契機をもたらし得るといえる．

（1）農山村に人を呼び戻すということ

　農山村の後継者不足への危機感がもたれて久しい．この危機感を解消するためには，家の跡取りを呼び戻すことが最も有効だが，こんなところに居ても将来がないと農村を捨てたのは農家自身であり，都市で生活を構えた跡取りは煩わしい地元には戻ってこない．岸田今日子の親で飯田にも縁がある劇作家の岸田國士（1890-1954）は，「農村はこうあって欲しいという外部からの願望が主になり，農村自体の「夢」が織りこまれておらず，農村はかくあることで初めて農村の誇りと満足をかち得るのだという映像を，誰も描かなかった」〔岸田1944〕と断言している．当時は農業における機械化が進んでいない頃で，田植えや稲刈り，脱穀は，それぞれ農家の一大イベントだった．昨今は省力化と称した機械化を前提とする農業が進展し，農家を見れば，家の跡取りはいるものの農業の後継者が見当たらない．今後，スマート農業が進み，田んぼや畑で人が見当たらず，機械だけが農作業をしている農村風景を想像すると，地域の崩壊につながるのではないかとゾッとする．

　スマート農業に，哲学は，夢は，誇りは織り込まれているか．否である．ヘレンケラーは「光の中を一人で歩むよりも，闇の中を友人と共に歩むほうが良い」と言った．農村コミュニティの再構築も同じである．人々が集わないこの負のスパイラルを裁ち切り，集落民全員が何らかで関わり，協力する関係づくりが農村には必要なのだ．農村ツーリズムは一戸の農家では解決できない諸問題を解決する，いわば『令和の新たな結い』を創出するツールのひとつになり得るのではないか．

（2）表面上の「関係人口」づくりは危険

　筆者が市役所職員として立ち上げた「ワーキングホリデーいいだ」（以下，ワーホリ）を始めた1998年頃は，30代前半を中心に都市の空虚感や自身の人生，独身女性が食の危機感を持ち，Ⅰターンの相談が日増しに増加していた時期であった．このワーホリの成果を元に2007年，筆者は「これからの地方にはインフラ整備の補助金で無く，人に金を付けて送り込むべき」と「中山間地域再生協力隊」の企画書を農林水産省や総務省に提案したが一笑に付された．ところ

が2008年，突然のリーマンショックによる雇用崩壊で，都市での生活不安が増大するという社会背景の中，先の企画書が突然日の目をみることになった．

2009年，『人口減少や高齢化等の進行が著しい地方において，地域外の人材を積極的に誘致し，その定住・定着を図ることで，意欲ある都市住民のニーズに応えながら，地域力の維持・強化を図っていくことを目的』とした「地域おこし協力隊制度」の準備会が総務省で開催され筆者も呼ばれたのである．さらに2017年度には「ふるさとワーキングホリデー制度」が事業化され，最近では『定住人口でも交流人口でもない，地域や地域の人々と多様に関わる者』を「関係人口」と定義し新たとする事業が開始された⁴⁾．

「地方創生」が陳腐化すると「関係人口」という新たな言葉が掲げられたが，この言葉が誕生した際には，従前の取組みとは何がどのように違うのか不明で，過去に，自治体が地域課題を解決するために行ってきた取組みとあまり変わらず，目新しさは感じられなかった．だが地域おこし協力隊の事業によって，「地域づくりにおける担い手不足」という課題に直面しているところへ，変化を生み出す若者を中心とした人材が着実に入っている．

（3）飯田型ワーキングホリデーは『関係人口』づくりだった

すでに26年間という長寿事業となった飯田市独自の事業であるワーホリは，「農村まるごとトラスト⁵⁾」をコンセプトに，農村の悩みと都市住民の願いをマッチングさせ，互いを大切なパートナーとする関係づくりに価値を求めた地域創発の「平成の結い制度」である．

当初のもくろみでは繁忙期の短期農作業労力の確保，新規就農者の確保，飯田の農産物の認知を表側の狙いとしつつ，バックでは農家の誇りの再生や閉鎖感のある農村の暮らしの開放を目指したのである．そのため，次の6点を事業の根幹として考えた．

① 農作業を手伝ってもらい農家を延命させること
② 生産現場を理解してもらうこと
③ エンドユーザーの様々な情報を得ること
④ 飯田と飯田の農産物を知ってもらうこと
⑤ 新規就農者や定住者を得ること
⑥ 農家が仕事や地域，自分に誇りを持つこと

など，極めてシンプルな考え方である．本事業で重要視したことは「農村観光」ではなく「田舎リピーター」を確保することにあった．

ワーホリを模索していた1997年は，個人や家族経営の農業にかげりが見え，山間地のみならず平地農業さえ農産物の価格低迷から，農業を続けても生活できない状況が生じていた．前例のないこの事業は，受入れる農家でさえ眉唾ものと考えていた．だが「体験料は取らないかわりに，労働賃金も払わない．宿泊や食事は作業農家に限るが料金は取らない．」等の経済行為は一切発生しない，というコンセプトに都市住民は予想以上に反応したのである．

（4）農家の意識の変革を促したワーキングホリデー

ワーホリの今日的成功の要因は，「ボランティアに来たつもりなのにボランティアされたみたい」と参加者が感激し，農家は「これほど熱心に働いてくれるなら続けて欲しい」と感心したことに加え，交流を通じた感動というものがあることを双方に知らしめる実績を生み出したことだ．しかし，これらの効果以上のものもあった．農村住民が自らの地域資源に気づき，それらを郷土の誇りと感じ，真に豊かな暮らしが「ここにある」と思うようになったことがあげられる．また，従来の生産性の向上や所得アップといった農業政策では担い手が減り続けるのに対して，事業の受入れをする農家の後継者がUターンし始めたことだ．

ワーホリの最大目標は，参加者が「ここには自分の居場所がある」と思えること，農家が農業や地域に誇りを持ち，地域自体を変容させることであった．結果，上記の効果だけでなく，農業の経営拡大や生産性向上による地産地消，自給率向上が図られ，地域への人の流れや定着が進み，地域全体の活性化のうねりとなったのである．

参加者が一様に語るその魅力は「農家の温かさと対話」である．受入れ農家が自主的に実践し，参加者が素直に反応したこの打算抜きの深い交流が，双方に満足感を与える本物の「関係人口」だったのである．国の政策に頼るのではなく「『お帰りなさい』ここは，あなたと私達が，共に創り上げた村です」と言える地域づくりの形が完成した瞬間だった．

③ 「共感する」風土（Food）ツーリズムの提案

（1）風土（Food）ツーリズムの概念

　バーチャルツアーが盛んだが，旅は本来，移動が不可欠だ．その足を封じられては，甲羅に閉じこもった亀のようなもので手も足も出ない．SDGs における観光分野では，環境保全と気候変動への対処だけでなく，包括的で持続可能な経済成長，雇用創出や資源効率性，文化的価値，多様性と伝統への配慮ほか相互理解や平和と安全保障と多様な貢献を期待されている．そのためには「風土産業」としてのツーリズムの考え方が大切となる．環境保全やエコロジーが叫ばれる現代，ローカルはもっともエコである．地産地消が進めば，遠方まで物資を運ぶ必要もなく流通における CO_2 削減となるのは明白だからだ．風土産業は，環境時代の世紀，そしてアフター・コロナの時代にもっともふさわしい理論といえる．ことさら環境問題を断片的に取り上げるつもりはないが，「自分達は空気や水を作り，エネルギーを供給している」と農村は自負して欲しい．

　飢饉の時代，蕎麦を食べていた山村に餓死者はいなかったと聞く．エネルギーとなる糖質は米と変わらず栄養価も豊富だ．そこに山菜やキノコ，川魚や獣肉があれば，米が無くても山中は本当に豊かな場所なのだ．だから「椀貸伝説[6]」が各地に残るのは必然といえる．農山村で吸う空気や景観，さらに人々の笑顔と無垢なもてなしは「Priceless」であり，温かい地域との好印象を旅人は持つだろう．ゆえに地域の特性や環境，文化をベースにした新たなツーリズム経済の仕組みに SDGs の目標を埋め込むことにより農村は再起動するチャンスがある．

　筆者が永らく提唱している「風土ツーリズム」は，食を中心として景観・歴史・文化や暮らしなど，**図 2 - 1** のような関係性で行うツーリズムに加え，さらに「風土マイレージ」の考え方を要素に加えた取組みである．風土マイレージは地域を前提にした資源であり，決して他所からの輸入ではない．同じ経済圏で，関連する文化・歴史を辿ってきた地域を主体に，その地域の風土資源の活用・循環により次の世代に繋ぐことを可能とするエリアを想定している．小規模で既存の観光資源が少ない市町村でも，同一の歴史的圏域であれば，食をベースに連携することで，新たなツーリズムを望む人々に対応することが可能

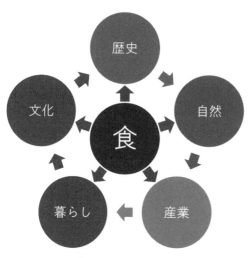

図2-1 「風土ツーリズム」の概念図

出所） 筆者作成.

となる.

国内旅行者のみならず訪日外国人が期待する，食の素材と文化の両方を有している地域では，巨大なテーマパークや世界遺産がなくても，観光客にアピールする資源を持っているのだ．新たなツーリズムの価値として，食の安全・安心や健康をキーワードとして見直され，よりディープな日本を求めるツーリストが増加してきた.

ゆえに「風土ツーリズム」の魅力づくりとして次の5点で総合的に考えていただきたい.

① 食に関わる素材を発見・発掘する
  ・地域が有する食に係わる素材をリスト化・データベース化する
  ・地域の食に関する情報ネットワークを整備する
② 活用する食材を選択する
  ・地域・旬・量が限定の食材を活用する
  ・地域のキャッチイメージとなる素材を活用する
③「食べる」魅力を高める
  ・地域独自の調理方法や地域らしさを感じさせる提供方法を工夫する
  ・観光地での食の選択の幅を広げる取組みを進める
④「買う」魅力を高める
  ・食に関する消費形態にバリエーションを持たせる
  ・素材はひとつでも加工で工夫できる
  ・販売方法を工夫する（ストーリー化など）
⑤「食を体験する」魅力をつくる
  ・農林漁業のリアルな（ほんもの）体験を提供する
  ・食べ方・文化など付加的な体験を提供する

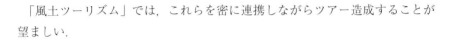

　「風土ツーリズム」では，これらを密に連携しながらツアー造成することが望ましい．

（2）ガストロノミー⁷⁾は生産地の食文化や風土が重要な要素

　1998年，スペインのバスクで始まったガストロノミー・ツーリズムは「その土地の気候風土が生んだ，食材・習慣・伝統・歴史などによって育まれた食を楽しみ，その土地の食文化に触れることを目的としたツーリズム」である．生産地の風土から食文化まで幅広く，多様な楽しみや滞在方法を選択できるため，多彩な観光の組み立てが可能となり，滞在期間の長期化によって消費額の増加も見込まれ，多くの関係者へ利益配分のできることが特徴であり，筆者が唱える「風土ツーリズム」の理念と同様であるといえる．

　人はビジネス，プライベートを問わず旅先での食事で「○○に行ったら△△を食べたい．地酒を飲みたい」などの欲求を有している．地域ならではの新鮮な素材や美味しい料理が食せるのであれば必然的に旅の目的として成立する．極端な話，蕎麦一杯を食べるために車で数百キロを移動する．パンひとつでも1，2時間の労を厭わない人がいることを考えれば，当然であろう．

　農山漁村には，他にも武器がある．それは，自然美に加え，「生産の美」だ．生産を創り出す農村景観，そこから生まれる独自の食文化と深い歴史文化だ．アフター・コロナのツーリズム創造には，自然・文化・教育・経済・生命・健康など，極めて多様な観点からの総合的な探求が欠かせない．これはまさに農山村の暮らしの根本部分が観光となることを意味している．たとえば，水辺は地域住民の生活と交流の場であり，子ども達が自然と向き合う学びの場だ．だからこそ，水辺環境の保全・再生を行いつつ，自然と人のウェットな関係づくりを再構築し，水に親しんで学び直すプログラムづくりを進め，ツーリズムに活用していくこともできるだろう．

　リニューアルしたコトやモノが一発ヒットになるとは限らないが，身近な存在となるような仕込みが求められる．たとえば，全国の「ご当地うどん」は，小麦粉を使用する点では同じだが，各県で開発した小麦も相まって香りや麺の太さ，硬さ，形が違う．池波正太郎の小説に登場する一本うどん⁸⁾（京都・東京・埼玉に老舗が残る，**写真2-1**）など，どれも個性的で魅力的だ．また元々，お伊勢参りの旅人が食した伊勢うどんは御師の歓待で飲み疲れた胃腸に優しいうどんとして成立した．つまり同じ素材でも「ところ変われば品変わる」のが，地

写真2-1　江戸時代の享保年間に創業した京都の「たわらや」の一本うどん

出所）2017年6月，筆者撮影.

域における食の醍醐味でありツーリズムの核となる.

　ここまで具体的にみてきたように，「風土ツーリズム」は，同じ経済圏で関連する文化・歴史を辿ってきた地域を前提に，地域独自の風土を最大限に活かす旅である. つまりこのことが，地域独自の旅要素となる. 国内旅行者のみならず訪日外国人が期待する食と文化を有している地域では，巨大なテーマパークや世界遺産が存在していなくても，十分客に訴求する資源を持っている. そこで心に響く「食」コミュニケーションのためには，ストーリーと語りが重要となる. たとえば地酒を熱く語れば必ず呑んでくれるだろう. それは背景の物語や語り部に「共感」したからだ. あなたのパーソナルな思い出を楽しく語り，旅人がその語りに共感した途端，あなたの食は旅人のソウルフードとなり，この上なく美味しいものに変化するのである.

　これらで共通することは，「食」は「人」が介在していると言う点であり，食により地域の壁を低くする効果が発現するのである. 良い食材で美味しい料理なら，その風土を一緒に食べてもらう工夫が大切だ. それは地元の方との交流がもっとも効果的なものになるのである.

4　究極の旅は「あなたに会いたい！」

　「風土ツーリズム」創造には，極めて多様な観点からの総合的な探求が欠かせない. ツーリズムはそれらを大局から俯瞰しつつ，素材となり得る地域資源の歴史や伝統を再発見し，関係する方々の風習や誇りを加味した物語を創っていくことが肝要なのである.

　まずは「○○は良いよ！　こんなところがあるよ. 面白いよ！」と言える住民を，おもてなしの最前線に立つプレイヤーとして育成することが目標となる.

　住民による地域丸ごとの「おもてなし」が大切であり，会いたいと思われる

住民の数が多ければ，地域への吸引力は否が応でも増してくるはずだ．とっておきの手は「人」であることを再確認して欲しい．豪華な料理や丁重なサービスの提供でなく，人の魅力に触れ「癒し」を感じさせることを普段着で実践するためには，場当たり的な対応を絶対に避けないといけない．根本的なことをいえば，“人 対 人”のコミュニケーションを重視した人間中心のツーリズムデザインが，これからますます重要だ．複数の資源と人が関係することでシナジー効果が生まれ，旅人から支持・共感を得られる可能性が高くなる．

　自分の地域を盛り上げたいとするたくさんの熱い人に各地で出会う．その方々は大概がポジティブで「何か面白いことをやろう，地域を元気にするぞ」と動いている．そうしたところには地元の叡智と外部からのノウハウ，人材が集結し，新たな価値創造をするのである．今，必要なのはハード事業ではなく豊かな生活を維持するため，地域で自ら学び実践する風土（学びあう土壌）を創ることだ．連綿と培った学びと他者を温かく受入れる風土は，地域の積み重ねであり，他地域への汎用化はできない差別化となる．

　各地で出会う素敵な方々には，また会いたいと思う．再会したいと思える担い手を何人輩出できるかが地域の魅力だ．くどいようだが大切なのは住民一人ひとりの意識改革である．そこに暮らす人は全世界を探してもいない．「あなたに会いたい！」が再訪の動機となれば，よそへは行かない．これが唯一無二の旅となる．

注

1）「講」とは，宗教行事を行なう集団，またはその行事や会合を指す．伊勢講や富士講など一生に一度しか行けない旅の資金を出し合い順番に行った．さらに転じて相互扶助的な団体や居酒屋の集まりなど身近な生活に使用（無尽という言い方もある）するため，会費など供出した．

2）「結」とは，小さな集落単位の農業ほか生活の共同作業制度．一人で行うには多大な費用と期間，そして労力が必要な作業を，集落の住民総出で行う．特に田植え，稲刈り，脱穀など農作業や道や水路の補修，山の下草刈りなどは現在も農村では残っている．

3）国立研究開発法人海洋研究開発機構プレスリリース「コロナ禍による CO_2 等排出量の減少が地球温暖化に与える影響は限定的」（https://www.jamstec.go.jp/j/about/press_release/20210507/，2022年3月10日最終閲覧）を参照．

4）総務省の定義による（https://www.soumu.go.jp/kankeijinkou/about/index.html，2022年4月26日最終閲覧）．

5）農村まるごとトラストとは，ナショナル・トラスト協会による「国民のために，国民自身の手で大切な自然環境という資産を寄付や買い取りなどで入手し，守っていく．こ

れが，ナショナル・トラストの基本理念とある.」の「ナショナル・トラスト」の実践の場が農村であり，農村のあらゆるものを対象としているのが，「農村まるごとトラスト」といえる．https://www.env.go.jp/nature/info/guide_n-trust/index.html（2022年4月26日最終閲覧）

6） 椀貸伝説とは，塚や淵，大岩，洞穴，隠れ里などから膳や椀を借りる民話．

7） ガストロノミー（仏：gastronomie，英：gastronomy）とは，食事・料理と文化の関係を考察することをいう（Weblio 辞書より引用）.

8） 江戸時代から続く「一本うどん」は，京都・東京・埼玉に老舗が残る．池波正太郎の小説「鬼平犯科帳」でも登場している．

引用文献
木岡伸夫［2018］『〈出会い〉の風土学——対話へのいざない——』幻冬舎.
岸田国士［1944］「農村文化について」『農村文化』23(2)
三澤勝衛［2008］『三澤勝衛著作集3 風土産業』農文協.

（井上 弘司）

column 2　NPO 法人「海外研修」の想い出

2015年 9 月

　NPO 法人日本都市農村交流ネットワーク協会（以下，「当協会」）の海外研修「ベトナム中部を巡るフエ，ホイアン，ダナン 5 日間」の企画があり，参加しました．

　身近に知り合いになったベトナムの人がいたことにもよりますが，蓮の実のご飯が食べてみたいという望みが一番の理由で，一度は行ってみたい国のひとつになっていました．どれくらいの短歌や俳句が作れるかというのも私自身のテーマにしていました．現地は予想以上の暑さで，日本との気候の違い，季語の問題もありましたが，日本的な季語を用いて俳句を作り，俳句で表現出来ないものは短歌に歌いあげました．

　　　お爺さん治安悪いよ気を付けて淋し気に言うベトナムの友
　　　ホーチミン吾も同じくおじいさんベトナム言葉意味の多岐なり
　　　収穫のさ中の農家立ち寄りて組織の農をつぶさに聞きつ
　　　三代の家族と共に暮らしをり後継難は日本と同じ
　　　コンバイン轟く中に立ち居してベトナム人の言葉少なし

2016年 9 月

　当協会海外研修「内モンゴルへの農村交流」の話があり，「参加します」と即座に答えました．モンゴルや内モンゴルは，そう度々誰でもが行けるところでもないし，王照君の墓所も見学予定に入っていては行かない手はないチャンスだ，と考えました．

　モンゴルのことは何も知らないし，わからないのですが，王照君の地，チンギス・ハーンの地へ一歩でも踏み入ることが出来れば，生きていることの価値が見だせるのではないかとも思いつつ，皆さんの足手まといにならないことを念じながらついていきました．

　モンゴルの案内はネットワーク協会理事長の河村先生のご主人の河村能夫教授と，教授の教え子のモンゴルの大学教授・呉金虎（ウインガ）さん，その弟さんの大学教授，観光協会の社長，友人達．彼らがいたれりつくせりの歓待をして下さり，三日間があっという間にすぎてしまいました．

　　　天に地に己か祖先に感謝してなみなみと注ぐ旨し酒かな
　　　天の恵み地の恵み吾等にも友と交すやこの旨し酒
　　　子羊の丸焼きありて骨付を野人の如く味わいてをり

馬頭琴調べに乗せて歌うなり長き寒気の明くるを待つに
夢に見し王照君の霊廟の雷雨にありて機会を逃す

2017年9月

　当協会カンボジア研修の一員として参加しました．関西空港からホーチミン経由でカンボジア・プノンペンに入り，コンポンプス州農園を見学．ここでは若き日本人が苦労をしつつ，現地で野菜を育て，育成している姿，栽培地を見学．レタス栽培をしているカンボジア農村も見学しました．カンボジア経済特区では，スコールの後の洪水のような風景に出くわしました．日本ほど排水溝が整備されていないことも問題ですが，ゲリラ豪雨そのもので雨のすごさを再認識しました．

　1969年に三島由紀夫の『癩王のテラス』を読んで，一度は訪れてみたいと考えていたのですが，中々実現できず，時間ばかりが経ち，年齢ばかり重ねていました．

　2015年に「アンコール・ワットへの道」という特別展が龍谷ミュージアムで開催され，見学しましたが，カンボジア行きにはつながりませんでした．

　三度目の正直として，今回の旅を満喫し，充実したものにするつもりでしたが，現地では湿度の高さと暑さのせいで，いささかバテぎみでした．

　　トムなのかワットなのかバイヨンか入りて見ゆれど判別難し
　　横顔の京唄子に似し観音や暑き疲れもぬぐえるほどに
　　ガイドにも京唄子が解るし日本人には親しみこめて
　　マルローはカンボジアには恩人よ国の宝を世界に示し
　　王道は国の宝に続く道シェムリアップの心の道よ

2018年9月

　当協会のお誘いで「スリランカ紅茶づくり生産者との交流会と世界遺産キャンディ5日間」に参加させてもらいました．

　スリランカはセイロンティで有名な国であり，アーユルヴェーダも盛んな国です．また，ラーマ・ヤナの叙事詩では「悪の住む国」とされているのですが，興味深々でした．

　ガイドのチンタ女史にスリランカのほんの一部であったものの詳しく案内してもらい，国民性にも触れることができ，楽しい旅のひと時を参加者皆で共有することができました．食事ひとつにしても，異文化の違いの奥深さを知ることができました．今回は行けなかったアヌラータプラ，ミヒンタレー，シーギリアなどは是非行ってみたいところです．

　最後に日本が救われたサンフランシスコ講和条約について触れておきます．

「日本の掲げた理想に，独立を望むアジアの人々が共感を覚えたことを忘れないで欲しい」「憎悪は憎悪によって止むことはなく，慈愛によって止む――法句経・ブツダの言葉――」

　ジュニウス・リチャード・ジャヤワルダナ蔵相（後にスリランカ第 2 代大統領）が1951年サンフランシスコ講和会議でこう演説し，日本に対する賠償請求を放棄．戦後の日本の運命に大きな影響を与えました．日本の現在の繁栄は彼のおかげといっても言い過ぎではないでしょう．日本の政治家はもちろんのこと，国民一人一人もジャヤワルダナ氏の勇気ある発言，慈悲のある心根を忘れてはなりません．

　　朗々と国家を歌うガイドなり母になる国スリランカなり
　　果てしなくひろがる海のインド洋大夕焼けを異国の友と
　　セイロンの戦の神の申し子の孔雀よ舞えと孔雀よ飛べよ
　　太陽の光に感謝大地への恵みに感謝神への感謝
　　スリランカ悪く書かれし物語ラーマーヤーナの不思議な世界

　わずか 4 回の参加でしたが，良く学び，良く遊び，充実した時間でした．ご一緒させていただいた方々には，ただ感謝あるのみ．ありがとうございました．

（中島　慶雄）

第3章
農村の景観保全とグリーン・ツーリズム

はじめに

　農村風景は，その風土だけではなく，地域農業を核にした農村での暮らしが長年にわたり積み重ねられてきたことによって形成されたものである．各地の気候・地形に合わせた農業と暮らしが作り上げてきた農村風景は，自然と人，文化が折り重なった結果であり，地域によっては過去の姿を今も伝える貴重な文化財ともいえるだろう．

　「生業と暮らしの場」であった農村は，そこに住む人や生産者にとっては「日常」の風景であり，めずらしいものではないかもしれない．だが，多くの人々にとって農業や農村が遠い存在になればなるほど，農村風景は「非日常」となり，その美しさや価値に気づき，保全の対象，そして，ツーリズムの対象としてのまなざしが注がれるようになっていった．

　農村風景の価値が認識される一方で，農業・農村における担い手の減少および高齢化は，荒廃農地の増加に伴って生態系を含めた生産環境の悪化をまねき，農村景観を失うことになる．くわえて，農地の維持管理や農村コミュニティの慣習的活動の停滞を招き，営農に関わる知恵や技術，歴史・文化など「農業・農村のもつ有形・無形の価値」も失われつつある．

　このような地域の状況下において，2000年代以降，重要文化的景観（文化庁），世界農業遺産（FAO），日本農業遺産（農林水産省），世界かんがい施設遺産（ICID）など，農村景観，農村文化，農業技術を後世に残す保護制度が数々誕生している．これらの制度には，認定による社会的評価を付与されることによる観光的価値の向上も期待されている．

　本章では，農村の景観保全について，おもな保全・保護制度の解説を行ったうえで，今後のグリーン・ツーリズムの振興とあわせて，いかなる方向があるか考えていきたい．

① 農村景観の価値とその認識

（1）農村景観とは

　農山村地域を実際に訪問し，みずから見て，感じることができる「農村景観」は，グリーン・ツーリズムの魅力において重要な要素のひとつである．

　グリーン・ツーリズムは，地域の人との交流，農業・農村体験，新鮮な農産物を活用した取組み，地域文化に根差した郷土食など，多岐にわたるアクティビティが各地で展開され，それぞれの魅力がある．だが，実際に農村を訪問し，目前にひろがる景観を認識して，その場の空気や太陽の光，木々や草花，稲穂のそよぎを感じたうえで，先に挙げたアクティビティを楽しむと一層の魅力を感じることができる．

　農村景観とそこに抱くイメージは，かつては絵画や詩歌から，現代においては写真や動画などの映像を通じて疑似的に感じることができる（写真3-1）．農村景観のもつ美しさや心地よさを発見することや，学術的価値の掘り起こしなどにより場所的な価値を高めた場合，その場へ訪れないと味わえないという代替性がない地域体験，観光体験を提供できるものとなる．

　ここで，「景観」という言葉を確認しておきたい．地理学を中心に使われて

写真 3-1 「日本で最も美しい村連合」に加盟している
山形県飯豊町の田園景観

出所） 2017年，筆者撮影.

きた語であるが，一般語として見てみると，「風景．景色．特に，すばらしいながめ（大辞泉）」，「見る人をひきつける，（すばらしい）ながめ（名鏡国語辞典）」とされている．共通項として，景観とは人が「すばらしいながめであると知覚すること」で成立するものだとわかる．

より詳細な定義をみると，「一定範囲の地表空間，すなわち目に映じる景色，または風景をさす．一般的に自然景観と人文景観とに分けられる．（ブリタニカ国際大百科事典）」とある．ここでは自然景観は水，地形，植生など，人文景観は人間の経済的，文化的活動の営みによって形成されたものを指している．この定義をふまえると，農村景観は自然景観と人文景観の双方が合わさった景色，風景であると捉えられるだろう[2]．

（2）農業・農村のもつ文化・観光的価値と農村景観の維持・保全活動

これまで地域農業者らは，営農主体として地域における農業生産活動とともに，水管理や除草作業など農業資源管理作業を行ってきた．現代において営農活動と農業資源管理は，農業生産による経済的価値を生むだけではなく，田や畑，樹園地などが形成されることで必然的に農村景観を維持する役割も果たしている．また，農村生活において地域行事などのコミュニティ活動が実施されることは，農村文化の継承機能を発揮することになる．

しかし，高齢化や農業者の減少は担い手不在の状況をもたらし，農地荒廃や地域衰退が生じることになる．たとえば荒廃農地の面積をみると，2008年は28.4万ヘクタール，2020年は28.2万ヘクタールと大きな変動はない．しかし，その内訳をみると再生利用困難な荒廃農地は[3]，13.5万ヘクタール（2008年）から19.2万ヘクタール（2020年）と42.2％の増加率を示しており，構造的な変化が生じていると推察される[4]．荒廃農地の増加は結果として，草木に覆われて農地としての復元が困難な状況が生み出されるばかりか，不法投棄の増加や災害時の治水機能が失われるなど，農村景観の荒廃あるいは消滅を招く．そして，生産活動が行われないことで，地域に伝わる農業技術や，気候・風土に合わせた暮らしの知恵など地域ナレッジの喪失を招くものである．

こうした状況下において，営農主体の再編や，生産者以外の地域外の賛同者を含めた多様な主体の参画を試みる地域農業システムの再構築を試みる必要がある．その際の取組み動機や根拠となってくるものが，農業・農村の文化・観光的価値を活用した活動である．農業生産活動が減退している現状において，

農村景観の維持を行うには，その意味付けとしてグリーン・ツーリズムをはじめとした観光・交流を通じた地域振興活動と合わせた展開が求められ，各地で実施されるに至っている．

2　農村景観の価値を認定する諸制度

以下では，農村景観の価値を認定するおもな概念および制度として，文化的景観，世界農業遺産・日本農業遺産，世界かんがい施設遺産を取り上げる．

（1）文化的景観

文化的景観とは，その地域の自然と人々の暮らしが交じりあうことで作り上げられた景観を指している．後述する2005年に改正された文化財保護法では，文化的景観は「地域における人々の生活又は生業及び当該地域の風土により形成された景観地でわが国民の生活又は生業の理解のため欠くことのできないもの（第2条第1項第5号）」と定義されている．

文化的景観（Cultural landscape）の概念は，人間と自然の相互作用によって生み出された景観を指すものとして，1992年にユネスコの第16回世界遺産委員会において提示された．「世界遺産条約履行のための作業指針」の改訂に伴い，文化的景観を3つの領域に区分している．その第2領域「有機的に進化する景観」(i)継続する景観では，農林水産業などの産業と関連する景観が位置づけられている．1995年に，この第2領域に属する世界遺産として登録されたのは，フィリピンのコルディリェーラの棚田であった．日本において文化的景観の枠組みで世界遺産登録されているのは，紀伊山地の霊場と参詣道（2004年登録）と石見銀山遺跡とその文化的景観（2007年登録）である．

世界遺産条約でも文化的景観を重視する流れを受けて，日本の行政において法律の制定や改正に関する検討がはじまった［金田 2012］．2005年に文化財保護法（文化庁）が改正され，文化財体系のなかに文化的景観が位置づけられた．都道府県または市町村の申し出に基づき国が選定する重要文化的景観が設定されることとなり，2021年10月現在，姨捨の棚田（長野県）や宇和海狩浜の段畑と農漁村景観（愛媛県）など71カ所が登録されている．

重要文化的景観の選定基準として，地域における人々の生活又は生業及び当該地域の風土により形成された景観地のうち，わが国民の基盤的な生活又は生

業の特色を示すもので典型的なもの又は独特のものとしている．そのカテゴリーとして，① 水田・畑地などの農耕に関する景観地，② 茅野・牧野などの採草・放牧に関する景観地など，8つの項目が設けられており[6]，単独あるいは複合的にその価値を持つものが選定されている．

　これまでの文化財は，城郭や古寺社，遺跡などが登録され，名のある歴史人物や歴史的出来事と関わるものが中心に登録されていた．保存のあり方は，過去の姿をできるかぎり留めて保存あるいは復元するものであった．だが，重要文化的景観は「名もなき人々の暮らしの景観」に価値を見出し，それを現在の暮らしと合わせて「時代にあわせて移ろい動くもの」として保全あるいは再構成してゆくという新たな文化財のあり方を提示している．

（2）世界農業遺産および日本農業遺産

　2002年，持続可能な開発に関する世界首脳会議において，国連食糧農業機関（FAO）から「世界的に重要な農業遺産システム（Globally Important Agricultural Heritage Systems: GIAHS）」が提唱された．同制度は，グローバル化や気候変動など現代における社会的，経済的，環境的な変化にともなって途上国，先進国ともに「農業・農村のもつ有形・無形の価値」の喪失が危惧され創設されている．5年間の制度設計がされたのち，2008年に中国，フィリピン，チリ，ペルー，アルジェリア，チュニジアの6カ国が指定された．日本では，2011年にトキと共生する佐渡の里山（新潟県佐渡市）と能登の里山・里海（石川県）の2カ所が初めて登録された．

　同制度の特徴は，国際的に顕著な特色を有し，次世代に引き継ぐ遺産価値ある農業生産システムを，過去の姿を維持して保全する形ではなく，動的保全（社会的・環境的変化などに応じた保全）をめざすことである．

　認定には5つの基準が定められており，これをもとにした保全計画の策定が求められる．① 持続可能な農業生産が維持され，その地区の食料安全保障や生活に貢献すること，② 化学的な農薬・肥料に過度に依存せず，生態系と調和し，多様な作物の組み合わせやその相互作用を活かした生物多様性を実現していること，③ 地域の気象や地理的環境への適用・克服を図る伝統的知識や農業技術があること，④ 農業・農村生活によって培われた文化や知識を伝承するための組織の存在があり，活動が行われていること，⑤ 農民の長い年月におよぶ自然への働きかけによって形成された固有の景観が存在することであ

る［遠藤 2020］.

　2016年には世界農業遺産の国内版として，農林水産省において日本農業遺産を設けた．世界農業遺産の認定基準を踏襲しながら，⑥ 災害時に対する高いレジリエンス（回復力）を保持していること，⑦ 地域住民だけではない多様な主体の参画による新たな仕組みにより農林水産業システムを継承していること，⑧ 農産物のブランド化や観光振興など 6 次産業化の推進を図っていることの 3 項目が追加されている．

　2021年11月現在，世界農業遺産は22カ国62カ所が認定されている．国別登録数では，中国15カ所が最も多く，次いで日本11カ所，韓国 5 カ所であり，アジア諸国での申請・認定が多い状況である．農水省による日本農業遺産の認定地域は，22地域である[7].

（3）世界かんがい施設遺産

　世界かんがい施設遺産（World Heritage Irrigation Structures: WHIS）は，2012年にオーストラリアで行われた国際かんがい排水委員会（ICID）の国際会議にて，当時の会長が歴史的かんがい施設をユネスコの世界遺産条約のように登録する制度として提唱された．

　2014年に最初の遺産登録が行われ，5 カ国17施設が選定された．この最初の登録では，難工事の末に用水路システムを作り上げた稲生川（青森県十和田市）や，当時の最高技術を用い城下町に築かれた用水路・雄川堰（群馬県富岡市）など，国内 9 施設が登録された．

　認定対象は，① 建設から100年以上経過している，② 次のいずれかの施設である（かんがいを主目的としたダム，ため池等の貯水施設，堰・分水施設，水路，古い水車，はねつるべ，排水施設，現在または過去の農業用水管理に機能上関係する（していた）区域又は構造物）ことの双方を満たしている施設である．そして，かんがい農業の発展において重要な段階又は転換を象徴する施設であるなど，9 つある基準を 1 つ以上満たすこ[8]

写真 3 - 2　「世界かんがい施設遺産」長野堰用水円筒分水（群馬県高崎市）
出所：2017年，筆者撮影．

とが要件である．

　かんがい施設遺産の特徴として，現在も農業生産に利用される施設であるため，もとの姿を留めて保存をするというよりも，施設の状況にあわせて修繕や改修が実施されている．そのため，施設に利用されている資材についても，かつては木造であったものがコンクリートなどを利用した現代の工法に改修されている施設もみられる．

　2021年12月現在，世界17カ国において，123施設が登録されている．国別登録数は，日本44カ所，中国26カ所，インド10カ所と，日本の登録数が最も多い状況である．

（4）成果と課題

　文化的景観，世界農業遺産・日本農業遺産，世界かんがい施設遺産について概説したが，共通しているのは地域の特徴に合わせて先人が工夫し，現代まで継承されてきた農業技術や農村での暮らしが作り上げてきた農村景観を評価・認定していることである．そして，いずれも現代に合わせた維持・管理を図る動的保全を行っていることがあげられる．

　認定制度の成果として，認定によって対象となる農業・農村の資源を活用した観光活動をはじめとする6次産業化の促進があげられる．遠藤［2020］は，世界農業遺産の認定は，時代遅れと思われた農法が世界的な価値を有するとの認定を受けたことで先祖伝来の農業に自信を持つ効果があることや，認定により消費者の関心が高まり農産物のブランド化や販売価格の上昇などの効果があると述べている．加えて，農業遺産の認定を契機にエコツーリズムの実施がされ，農業維持と住民らの収入などに寄与している事例が報告がされている［Lu and Xia 2006］．

　課題のひとつとして，観光客の訪問による経済活動の活発化が期待されたものの，地域にその還元がされない状況もみられることである．武内［2013］は，農業遺産の認定に伴い外部の観光事業者の流入が起こり，ステークホルダーが増える一方で，地域へその利益が還元されていないという実態を指摘している．

　消費者サイドの課題としては，農業・農村地域の認定制度そのものやその意味合いが，一般に知られていないことがあげられる．内閣府による農業遺産に関する世論調査（2021年7月調査）によると，農業遺産について知っていた11.7％，言葉だけは知っていた25.4％に対して，知らなかったとの回答は62.6％で

あり，半数以上が農業遺産制度を知らないという厳しい結果であった．

　同調査のほかの項目の結果をみると，農業遺産地域の特産物の購買意欲は，是非購入したい9.9%，機会があれば購入したい67.6%であった．農業遺産地域への訪問意向は，是非訪問したい9.0%，機会があれば訪問したい66.1%であった．いずれの回答からも強い意欲とは言えないが，機会があれば購買や訪問などの意思があることが示された．これに対して，農業遺産の広報に関する設問では，広報が充分だと思わない，どちらかといえば十分とは思わないという回答を合わせると8割以上が広報不足を感じていることがわかった．以上より，今後農業遺産をはじめとした認定地域の魅力と価値を伝えることが求められていると推察できる．

 農村景観の魅力を伝えるグリーン・ツーリズムの展開を

　農業農村における景観・風景については，今回概説した認定制度以外でも評価・選定されている[9]．地域農業の担い手に早晩不在の危機がせまるなか，こうした認定制度を活用し，あらためて農業・農村の歴史・文化的価値を評価し，農村景観の管理を果たす地域農業システムの再編とグリーン・ツーリズムの展開が必要である．

　これらの制度が「動的」な農村景観の保全に役割を果たすためにも，農村景観の美しさや魅力を伝えること，観光・交流活動としての普及を一層図ることは肝要であり，そのためにグリーン・ツーリズムをはじめとした観光・交流活動の展開は一層重要であると思われる．

謝辞
本研究はMEXT科研費21K05819の助成を受けたものである．感謝申し上げる．

注
1）　現に耕作に供されておらず，耕作の放棄により荒廃し，通常の農作業では作物の栽培が客観的に不可能となっている農地を指す．
2）　景色と風景の違いとして，景色はおもに視認したながめのことを指すが，風景は心にある感覚や感情を思い起こさせるような光景や場面を指している．
3）　森林の様相を呈しているなど農地に復元するための物理的な条件整備が著しく困難なもの，又は周囲の状況から見て，その土地を農地として復元しても継続して利用することができないと見込まれるものに相当する荒廃農地を指す．

4） 農林水産省（2021年）「荒廃農地の現状と対策」（https://www.maff.go.jp/j/nousin/tikei/houkiti/attach/pdf/index-20.pdf，2022年4月30日最終閲覧）を参照.

5） 山岳民族によって約2000年前から開墾されてきた総面積約2万ヘクタールの棚田であるが，後継者不足による耕作放棄地の増加や観光客による影響などによって景観の維持が困難となり2001年に危機遺産リストに登録された．フィリピン政府による棚田の調査や管理計画の策定，国内外の支援を得て，2012年に危機遺産リストから削除された.

6） そのほか，③用材林・防災林などの森林の利用に関する景観地，④養殖いかだ・海苔ひびなどの漁ろうに関する景観地，⑤ため池・水路・港などの水の利用に関する景観地，⑥鉱山・採石場・工場群などの採掘・製造に関する景観地，⑦道・広場などの流通・往来に関する景観地，⑧垣根・屋敷林などの居住に関する景観地があげられる.

7） 日本農業遺産の登録地域は，世界農業遺産と重複して登録している地域も存在する.

8） ①かんがい農業の発展において，重要な段階又は転換を象徴する施設であるとともに，農家の経済状況の改善に加えて農業発展及び食料増産への寄与が明確である施設であること，②計画策定，設計，建設技術，施設規模，水量，受益規模の点で最先端であった施設であること，③地域における食料生産強化，生計の向上，農村発展，貧困削減に大きく貢献した施設であること，④施設に係る着想が建設当時としては革新的であった施設であること，⑤効率的かつ現代の技術理論・実践の発展に貢献した施設であること，⑥設計・建設における環境配慮の模範となる施設であること，⑦建設当時としては驚異的かつ卓越した技術の模範となる施設であること，⑧建設手法が独特な施設であること，⑨伝統文化又は過去の文明の痕跡を有する施設であること.

9） たとえば農水省による棚田百選（1999年），疎水百選（2006年），ため池百選（2009年）などがあげられ，近年はインバウンド需要への対応など観光振興を目的とした食と農の景勝地事業：Savor JAPAN（2016年）があげられる.

参考文献

遠藤芳英 [2020]「世界農業遺産制度を拡充し農村開発に活かす」『ARDEC』日本水土研究所.

金田章裕 [2012]『文化的景観——生活となりわいの物語——』日本経済新聞出版社.

Lu, Jianbo, and Xia LiLu [2006] Review of rice-fish-farming systems in. China‐One of the Globally Important Ingenious Agricultural Heritage Systems (GIAHS). *Aquaculture*, 260 (1-4).

武内和彦 [2013]『世界農業遺産』祥伝社.

（片岡 美喜）

column 3 安心・安全な美味しい農産物を地域から

京都府京丹後市久美浜町で野菜・米を生産しています.

1994年に丹後国営農地開発事業がスタートしたのをきっかけに,先代の父が脱サラし,農業を始めました.その頃は,葉タバコを栽培しており,農薬も大量に使う日々を送っておりましたが,農薬の使用に関して嫌気がさし,独学で勉強し,最初にエコファーマーの認定をめざすことから始めました.その後,2007年に株式会社エチエ農産を設立し,販路も増えていくようになりました.2008年に,市の事業で無農薬のお米作りに取組み,それをきっかけに有機農業を始めました.今年で有機農業に取り組んで11年になります.

有機農業を始めた経緯としては,上記のように自分自身も農薬散布でかかる農薬が嫌だったことと,近年子どもの永久歯が生え変わらない原因が除草剤に原因があるという話を聞いたりしたことから,自分達の生産した農産物を消費者にお届けする際に安心・安全なものを食べてもらいたいという思いからでした.現在,2ha の面積の有機圃場で玉ネギ・人参・里芋などを栽培しています.

まだ有機 JAS 認証を取得していない圃場も 5ha ありますが,こちらも極力農薬・化学肥料を使わずに生産しています.除草剤は,畑には一切使用しておらず,太陽熱マルチを使用して,自然の熱で草の種・病気の菌を死滅させています.また,溝には草が生えるので防草シートを張り,除草対策と乾燥対策をしています.

栽培品目としては,消費者の方に満足していただけるように多様な品目を栽培しており,現在約50品目となっています.たとえば,カブを例にとると現在非常に多くの品種の種が発売されており,よくスーパーなどで見る白いカブだけでなく,「もものすけ」という桃のように皮がむけ,甘いカブなどもあり,そのような変わった品種も含めいろいろな品種を栽培しています.このようにして,スーパーなどでは見かけることが少ない品種などを栽培しています.また最近ではファイトリッチという,普通の野菜より栄養価の高い品種も積極的に栽培するようにしています.見た目の色も華やかで,しかも機能性成分も豊富に含まれている野菜を栽培することで,一人でも多くの方に野菜の楽しさ・美味しさをわかってもらえたらと思っており,そのような品種を野菜ボックスに入れたりもしています.当 NPO でも会員様向けに野菜ボックスをお届けしていますのでどうぞよろしくお願いいたします.

一方,お米に関しては,現在23ha の面積でコシヒカリを中心に栽培しており,有機栽培は1.8ha,加工米は6ha の面積で栽培を行っています.有機栽培につきましては需要も増え続けていますので,今後増やしていければと思いま

す．加工米につきましては，京都の味噌屋さんと契約をして，全量出荷しています．近年，米の価格下落が激しく農家にとっては，本当に厳しい状況が続いています．そんな中でも加工米は，収量さえ確保出来れば，コシヒカリと同等，もしくはそれ以上の収入も上げることができます．味噌屋さんからも「まだまだ面積が増えても大丈夫」と言われました．また地域内の農家それぞれの生産に対する思いを消費者の方々に伝えるために，父の代に集落の米を，乾燥から籾摺りまでできるライスセンターを建設し，個別に乾燥・調整できる仕組みをつくっております．現在では約100戸の農家が利用しています．機械の維持管理に費用がかかる時代になってきましたが，今後も地域農家の中心となっていきたいと思います．

　このようにして，野菜・米の生産を通じて，多様な品目を栽培していますが，近年では JGAP という認証も取得しています．これは日本語にすると「農業生産工程管理」のことで，農産物が生産出荷され消費者に届くまで，きちんとした工程を踏んでいるかを目に見える形で管理されているかを認証する制度です．全国的にも取得者が増えているようです．京丹後市では取得農家はまだ少ないですが，弊社では率先して取得し，より消費者が安心して食べていただけるような農産物の提供を心がけています．

　現在，小売店・加工用・個人向け宅配など多様な販路で販売をしていますが，野菜の生産に関しては，販売している野菜以外にも非常に多くの規格外野菜も出ます．従来であればこのような野菜は廃棄していたのですが，フードロス削減の観点から，規格外野菜を活用して乾燥野菜の生産も増やしています．そうする事で，長期の保存も可能になります．大根の切り干しなどはよく見ますが，そのほかの野菜でも色々と試作を重ね乾燥野菜の種類を増やしています．色々と試してわかったのですが，乾燥させることで，青果では出ない旨みなどが出てくる品目のあることがわかり，今後も色々と試しながら製造していきたいと考えています．

　このようにして近年注目されている SDGs の観点も頭に置きながら今後の経営を発展させていきたいと考えています．国の方も「みどりの食料システム戦略」といった持続可能な食料システムの構築を推進して，2050年までに日本の耕地面積に占める有機農業の取組み面積を25％（100万 ha）に拡大する目標を掲げています．

　その目標に少しでも近づけるように，今後も，環境にやさしい農業を展開し，より多くの方々に弊社で生産された「安心・安全」な農産物本来の美味しさをわかってもらえればありがたいです．

（越江　昭公）

第 4 章

稲作と水管理

① 稲と水

　稲はモンスーンアジア北端の日本へ，弥生時代初期に渡来したといわれている．日本の地形は山地が多く，河川は短く急こう配で流量の変動が激しく，洪水と渇水が頻発するという過酷な水文条件であった[1]．そのため，古くから稲作に必要な灌漑・排水施設をつくり，それら施設の維持管理を集団で行うための共同社会が形成され，様々な取り決めが生まれた.

　また，熱帯・亜熱帯地方原産の稲にとって，日本は，栽培地としては高緯度に位置するため，たびたび冷害に見まわれ，これを回避する様々な栽培技術も工夫されてきた.

　農家あるいは農業者が，農業技術を駆使して稲を育て，その子実である米が収穫される場が水田である．日本人にとって，米も水田も身近な存在であることに異論はないであろう．しかし，「米生産」との関わりで水田を連想する感性は希薄になってきているのではないだろうか．都市への人口集中と農村地域での混住化の進展で，人々と農業の現場との距離は遠くなった．また，1960年代からの農業技術の主流となってきた化学的機械的労働節約型技術の普及によって，人々が稲に触れ，農作業を行う機会も減ってきている.

　普段はなかなか触れることがない，米の生産現場を体験する場として稲作体験がある．稲作体験では，伝統的な田植えと稲刈りを経験することは多いが，水管理が取り上げられることは少ないと思う．本章では，日本人になじみ深い稲作をとりあげ，その中での水管理を中心に述べる．水管理に不可欠である村の役割などについても振り返ってみたい.

　農作物への水の手当ての全ては「水管理」であり，広義の灌漑ということができる（図4-1）．一方，農地に外部から人工的に水を供給することを灌漑といい，そのために整備する水路（用水路，排水路）や井堰，ため池等を「灌漑施設」と称することが多い．ここでは，水源から水田までの水管理を「灌漑」と

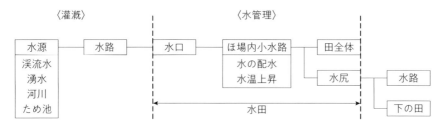

図 4-1　灌漑と水管理ならびにほ場内小水路の位置づけ

出所）中村［2009］.

呼び，水田への入排水および水田内の水管理を「水管理」として扱うこととする.

② 稲と水田，灌漑と村

（1）水田と灌漑

　川尻［1990］，工楽［1991］，真勢［1994］，山崎［1996］らの著作を基に水田と灌漑の通史を振り返ってみる.

　水田の始まりは，田んぼに水を貯めるための畦をつくることである. 同時に, これは灌漑と水管理の第一歩でもあった. 田に降った雨を畦で貯え, 不足する水を他所から引いてくる入口が「水口」であり，大雨などの余分な水を流す出口が「水尻」である. 一枚の田に備えられている灌漑の基本的な構造物が, 畦, 水口, 水尻の3つである.

　稲の生育には水深の均一な水田が必要であり，等高線を基準に地形・傾斜に応じて水田区画がつくられた. 弥生時代前期の水田は海岸や湖畔の平坦な低湿地に位置し，区画がかなり大きい湿田である. 杭や矢板で補強した畦で囲まれ, 水田に並走する水路は湧水・滞水を貯めて用水に使う一方, 大雨時にはこの水路を排水に使った. 水路に杭を打ち込んで堰を作り, 堰の開閉によって灌排水された. 水田造成にほとんど土工を要せず, 灌漑用水の心配もなく, 柔らかいグライ土壌のため木製農具で耕作できた. 弥生時代の中・後期になり, 人口が増え集落規模が大きくなると, 中・小河川沿いの低湿地に半湿田が開発された. 区画面積は平坦低湿地に比べはるかに小さいものである. 川の浅瀬に杭や矢板で堰を作り取水する方法が発達したが, 集落規模と技術力の制約から小規模な

灌漑稲作の段階であった．こうした灌漑技術は稲とともに大陸からの渡来人によってもたらされたと考えられる．

　人力による造成工事や土工用具の未発達な時代には，土の移動を少なくするため，傾斜の急な土地では区画を幅狭く，また，下層への漏水を少なくするためにも小区画水田とされた．畦の総面積は相対的に増すが，土地利用率より灌漑効率が優先されたのである．

　水田が集まると，水田の水口や水尻は，隣接する水田と互いに水のやりとりでつながる．高い位置の田から低い位置の田へ一枚一枚順次配水していく方法を「田越し灌漑」と呼び，水田は稲の生育の場および水を運ぶ水路の役割を果たしている．田越し灌漑は少ない水を無駄なく使うことができる方法である．

　田が水のやりとりでつながると，全ての田に水が配られるよう，皆が納得できるようなルールが作られた．誰もが分かること─水は上から下へと流れる─は「上流優位」の取り決めになった．しかし，田の散在（錯圃制）から上流と下流の両立場になることも多く，「情けは人のためならず」で，上位の田であっても水の独り占めを戒め，全ての田に配水された．

　「水が足りない」事態は村の一大事であり，川からより多くの水を引く行動は村の総出で行われた．川の上流と下流，こちら岸とあちら岸，同じ所で水を引く村々同士で，相談や談判が行われた（水利調整）．しかし，決着がつかず，しばしば「水争い」が起きたのである．

　水不足の根本的な解決は，新しく水を引くことであった．村人は力を合わせて，そのための工事に取り組んだ．谷筋の奥にため池を，沼地を堤防で囲んで池を，また，川をせき止めて水位を上げ，川の流れを取水口に導く工事を行い，村々まで水路を掘って水を引いた．

　日本で初めての中央集権的な農地と水の国家管理制度を取り入れたのは，大和朝廷である．朝廷の本拠地の奈良や大阪を中心に，ため池など多くの水利施設が築造された．律令国家の基をなす「条里制」は，1区画が1ha強の水田を10枚の短冊状に区割りして農民に分与するものであったが，水利条件の良い公平な水田分与の困難さと班田制の弛緩につれ，条里水田は荒廃し，律令体制は崩れていったのである．

（2）灌漑と村の拡大

耕作放棄された土地の再開発を中心に力を蓄えていった富裕な農民の中から，

武士階級が生まれ，地方分権的な中世を迎える．私有水田とそれを支える水利施設は，日本的な村落共同社会の原単位をなすもので，時代とともに形を変えながらも現代まで継承されている．

灌漑工事は，水争いをしていた村々を，水を引くという共通の目的で，より大きな集団として結びつけた（水利統合）．一連の流れは，水不足の解消→米の生産安定化→人口増→水田の開発圧力→水田開発→新たな水不足→より広範囲の村々による大きな工事，である．人口の増加と封建領主の成熟した力によって，大規模な新田開発や水利統合が行われた．江戸時代以降，わが国の人口は著しい増加を見せるが，日本的な村落共同体が成熟した機能を備えるのは，17～18世紀の活発な新田開発の後である［真勢 1994］．

明治維新後の農地・水の開発整備は，国によって，江戸時代以来の水利秩序を前提に，新しい工事技術と時々の政策要請に応じ，近代的法体系のもと制度化されていった．1872年の土地の永代売買禁止の解除，翌年からの地租改正によって，湿田排水や畦畔改良などが，豪農・地主を中心に盛んに行われた．1899年の耕地整理法は，狭小不整形の区画を明治新農法（乾田馬耕など）に対応する形に再編し，排水改良・乾田化にも重要な役割を果たした．

戦後，農地改革が実施され，この精神をいかした土地改良法が制定された（1949年）．耕作農民が中心になって土地改良区を組織し，区画整理にも積極的に取りくんだ．1961年に農業生産性の向上による自立経営農家の育成と作目の選択的拡大をめざして農業基本法が制定された．稲作における大型機械化営農体系を推進するため，大区画水田の整備が図られ，1963年団体営ほ場整備事業，翌1964年に県営ほ場整備事業がスタートした．1999年の食料・農業・農村基本法の制定に伴い，経営体育成に重点を置いた経営構造対策事業によって土地基盤・施設の整備が図られている．

今では，土木技術の高度化や機械力で，灌漑の大規模化，きめ細かな水管理が可能な用排水路の整備，大きな堰や取水施設（頭首工）の設置，川の上流に大きなダムの建設など，灌漑システムは高度化している．ほ場整備も機械力による大区画水田の整備が進んでいる．

（3）灌漑の事例——手取川と宮竹用水土地改良区——

手取川は，水の神とあがめられてきた白山を源流とする石川県最大の河川で，日本有数の急流河川である．白山市白山町で平野部に開口し，典型的な扇状地

七ヶ用水：手取川右岸の約6500haの農地を潤す. 富樫, 郷, 中村, 山島, 大慶寺, 中島,
新砂川の七つの用水が合併したもの. 明治36年設立.
宮竹用水：手取川左岸の約2600haの農地を灌漑している. 上郷, 下郷, 得橋, 山川の用
水から成る. 明治24年宮竹用水水利組合が組織されたのが始まり. 1967年に右岸で採水さ
れた水が手取川の地下を逆サイホンで横断し宮竹用水へと運ばれる形になった.

図 4-2　手取川七ヶ用水・宮竹用水マップ

出所）　北陸農政局手取川流域農業水利事業所 [2015].

を形成している. そこでは, 春先の融雪水をはじめ豊かな水資源をいかし, 稲
作が発達してきた. しかし, 1965年頃までは, 「番水」[3] も行われており, 渇水
期には水争いも絶えなかった.

　現在, 白山頭首工で取水された灌漑用水は, 右岸の七ヶ用水[4]と左岸の宮竹用
水によって, 約9100haの水田に行き渡っている（図4-2）. 幹線水路と支線水
路が巡らされ, 水路での堰が多いことと, 水田からの排水を下流で再び灌漑水
として利用する循環灌漑が特徴である.

　手取川扇状地の左岸2市（能美市, 小松市の一部）の水田約2600haの灌漑を担
うのは宮竹用水であり, 用水路の管理と水の分配を行っているのが宮竹用水土
地改良区（前身は明治時代創設の宮竹用水普通水利組合）である. 2022年現在, 組合
員数3314人であり, 管内72集落の8選挙区から選出された総代99名からなる総

代会が総会に代わる議決会議である．総代会において，8人の理事と4人の監事が選出される．

　岩内集落は，扇状地の頂点から下流左岸8kmに位置し，集落の戸数は133戸，水田面積は48haである．1950年からの耕地整理事業で200歩（6.6a）区画に，1983年からの大型ほ場整備事業で3反（30a）区画水田と用排分離水路が整備されている．

　大型ほ場整備は，農家の世代交代とも重なって，稲作の作業委託や経営委託を促進した．1980年の稲作農家35戸が，現在11戸に減り，うち10戸が機械の共同利用・共同作業のための営農組合を組織している．作業委託しても，体の動くかぎり自身の田の水まわり（田めぐり）を行う農家は少なくなかった．これは，受託側の作業体制と意向にも合致していたのである．

　集落域の宮竹用水幹線水路の草刈りと支線水路の泥上げ（えざらい）は，集落の自治組織（以下，町会）内の生産組合に依頼されている．また，国の多面的機能支払交付金を活用し，3月と7月に水路周辺等の清掃活動が行われている．主催しているのは町会であり，クリーンデーとして非農家を含む集落全体の行事として実施されている．

　扇状地に発達した砂礫層は地下に良好な帯水層を形成している．地表水利用は，灌漑用水が優先権を有しているため，後発の工業用水や生活用水はもっぱら地下水利用であったが，1975年頃から扇状地全体の地下水位の低下が加速傾向となった．地下水涵養量と需要量のアンバランスが生じたためであり，涵養量減少の要因として，水田面積の減少，ほ場整備や用水路のライニング[5]，砂利採取による浸透量の減少等があげられている．年間では，降雨量の多い冬期と水田への灌漑期に地下水位が高く，水稲作付面積との関係も確認されている［農業用水を核とした健全な水環境プロジェクト研究幹事会 2014］．

3　稲と水管理

（1）水管理の目的と構成

　水稲は湛水栽培されるが，生育ステージや気象変動に応じて田面水の深さを調節する水管理が稲の生育にとって肝要である．水管理を構成する要素は，①水田における作業性，②稲の生育ステージ，③気象条件への対応であり，これら3つの要素により水管理が体系化され，実際には各要素の変化に応じて，

臨機応変にきめ細かな水管理が行われている．一般的な大型機械化体系（田植え機，自脱型コンバインなど）における稲の生育ステージと水管理を示すと表 4 - 1 のとおりである．稲の生育ステージは，主に田植え時期と出穂期を基準に日単位にカウントされ，栽培管理と作業の目安となっている．

　代かきは湛水状態で行われ，田植え機械の作業性を高めるため，田植え時は落水される．近年は，落水による河川への濁水流出を防ぐため，浅水で代かきを行うことが奨励されている．また，水田除草剤の効果を高めるために，散布時に 3 〜 5 cm の水深とし，処理後 1 週間程度は止め水として湛水状態を確保しておくことが肝要である．

　稲の生育ステージに応じた水管理には，浅水，深水，間断灌漑，中干し（落水）がある[6]．土中に酸素を供給し根の活力の維持向上を図るために，間断灌漑や中干しが行われる．

　これらの生育に応じた水管理に，気象災害から稲を守るための水管理が加わる．台風などの強風時，また，稲の生育・登熟期の低温障害回避をはじめ稲体の保温を優先する場合は深水管理とする．近年は，出穂・登熟期の高温障害による白未熟粒・胴割粒など米の品質低下が問題になっており，気温が高い場合は，稲体とその周辺環境の温度を下げるため，水のかけ流しが行われる．フェーン現象の時も水分補給のため，すみやかに通水する．

（2）中干しと間断灌漑

　6 月に入ると，大区画水田では，すみやかに田面水の入落水がされるよう，水田内に溝切り（手溝かき）作業が行われる．中干しは，田植えの約 1 カ月後に落水を始め，土にヒビがはいる程度まで乾かす作業のことであり，目的と効果は次のとおりである．① 落水することによって窒素肥料分の吸収を抑え，過剰な分げつを抑制する．② 土中に酸素を補給して根腐れを防ぎ，根の活力を高める．③ 土中の硫化水素やメタンガスなどを抜き，根の生育を健全にする．④ 以上①②③の効果から，稲の耐倒伏性を増し，穂の登熟を良くし，米の品質向上につなげる．⑤ 地耐力を増してコンバイン収穫の作業性を高める．

　間断灌漑は，中干し後，水を必要とする出穂開花期を除いて収穫期近くまで，数日間ごとに灌漑・排水を繰り返す作業である．この効果は，土中に酸素を供給することにより，稲の根を収穫期まで健全に維持し，稲籾の稔実を良くし，収量と米の品質を上げることである．

表 4-1 稲の生育と水田の水管理（田植え：5月中旬，品種：コシヒカリ）

月	旬	生育ステージ	水管理	作業の内容・ポイント
5	上旬	田植え前	浅水	浅水で代かきし，田植え前の強制落水による濁水流出を防ぐ．
	中旬	田植え直後	深水	植え傷みを防ぐため，すみやかに，かつ，2～3日は深水管理とする．
	下旬	活着期（移植苗が水田に根を張る時期）分げつ初期	浅水＋深水	日中は止水で水深3～4cmの浅水として水温を上昇させ，夜間は5cm程度の深水にする．低温や風の強い条件下では，草丈の4分の3程度が浸かる程度の深水とし，苗を保護する．
6	中旬	分げつ盛期	浅水	低温・強風時以外は，分げつ発生を促すため水深3cm前後の浅水管理とし，日中は水温を高め，夜間は低下させ，水温の日格差を大きくする．
	中旬	有効分げつ決定期～幼穂形成期	中干し	田植え後1カ月頃，目標茎数（一株当たり茎数が15本）を確保したら，中干しを行う．中干しの程度は田面に軽く足跡がつく（田面に1cm以内の小さなヒビ割れができる）程度とする．
7		幼穂形成期～穂ばらみ期	間断灌漑	稲の幼穂の発育期にあるため低温や干ばつなどの影響を受けやすい．この時期，気温上昇による土壌の還元化が進みやすいので，中干し後，3～4日間ごとに通水する間断灌漑を行う．また，この期間は低温障害も受けやすいので，低温が予想されるときは可能な限り深水にして，幼穂を保護する．逆に高夜温が続く場合は，夜間通水し，稲体の活力維持に努める．フェーン現象の時は通水し，水分補給する．
8	上旬	穂ばらみ期～出穂・開花期	深水（花水）間断灌漑	出穂直後の穂の開花・受精をよくするため，水分補給を重視した水管理（花水）とする．開花後は間断灌漑を徹底し，根の活力維持に努める．米の白未熟粒と同割粒対策として，出穂から10日間に気温が高い場合は水を掛け流す．
		登熟期	間断灌漑	登熟歩合を高めるために，出穂後は，「1日通水，2～3日落水」を繰り返す．田面は，少し足が沈む程度の湿潤状態を保つ（飽水管理）．フェーン時や強風時は早急に入水する．
9	中旬	収穫期	落水	落水時期は機械収穫を考慮して，稲刈りの5～7日前を目安にするが，収量と品質の向上のためには，落水時期は遅いほど良く，収穫日と土壌条件によって落水時期を決定する．

出所）JA能美・能美小松営農推進協議会［2021］などから筆者作成．

　間断灌漑は，1954・55年に米作日本一になった富山県の川原宗一・上楽菊の創始による水管理法である．田面水のきめ細かな管理によって収量増を成し遂げたことから，稲多収栽培の基本技術として普及定着した．また，1960年代以降の水田基盤整備が，田面水をきめ細かく制御できる「用排水分離，耕区単位の水管理が可能で区画が10〜30a 程度の成形」を標準とする基礎になった．さらに，1970年代に普及した稚苗田植え機は，田面水の精密な制御を必要としたが，間断灌漑の普及はこの条件を整えるものであった．

（3）水まわり（田めぐり）

　水まわりは，① ほ場や水口・水尻への巡回，② 水田の湛水深の確認，③ 水口・水尻の操作，④ 水稲の生育状況の確認，⑤ 病害虫や雑草の確認，⑥ 畦の漏水有無の確認，⑦ 水口・水尻のゴミの除去，⑧ 畦の漏水や水口・水尻の補修作業，の複数の作業から構成される．①〜③は灌漑期に毎日行われる必須作業であり，米の生育と収量や品質に直接影響する重要な作業である．④〜⑧は状況に応じて行われ，地域や地形によって作業頻度は異なる．

　「2-（1）水田と灌漑」で記した水田への配水の取り決めづくりでは，村の水田に関する情報の共有化が必要であり，それは，村の農家が毎日行っていた「水まわり」が基であった．早朝と夕暮れのほぼ同じ時刻に水田を見て回るので，お互いが顔を会わせ，村の水田と水について語ることが多い．情報のネットワーク化と共有化に果たした水まわりの役割は大きかったと考えられる．

（4）家族経営での水まわり——1960年代の岩内集落を事例として——

　集落の農家のほとんどが稲作を行っていた時代である．農家子弟が中学生になるころ，親から水まわりを頼まれる．田んぼに着くと，水口を石や土でふさぎ，水路から入る水を止める．最初は一枚の田んぼから始まって次第に枚数が増えていき，やがて，田んぼに水を入れることも頼まれる．こうして，農家子弟は田んぼの場所を覚え，水まわりの要領を身につけていく．

　どこの集落でも在所の地名には面白い呼び名がついているが，水田の地名は，農作業の中でよく使われ，「砂田」「清水田」「桶屋敷」など，田や村の由来を探る手がかりにもなる．水田エリアの固有地名であるが，農家には分散している各水田の固有名として使用される．

　水まわりは，夕方の水口からの入水と朝の止水，必要に応じた水尻からの落

水と止水，が基本であり，水路の確認も大切である．水田からの漏水の有無，稲の生育状態（早いか遅いか，肥効の過不足）と均一性，病害虫発生，雑草の有無と抜き取りなど，周りの水田とも比べながら確認する．農家子弟は，農作業の手伝いから始まり，稲の生育と水田の変化を日々見ることの大切さを感じながら，次第に基本的な農業技術を体得・学習していくのである．

（5）法人経営での水まわり──農事組合法人・和多農産を事例として──

　農事組合法人・和多農産は1995年能美市山田町に設立され，2021年の経営面積は86ha，従業員数10名である．受託水田は，旧辰口町37集落のうち17集落域の83haにおよぶ．水稲品種は，早生36ha，中生31ha，晩生15ha，もち1haと分散が図られ，転作として，麦・大豆3haが作付けされている．

　水まわりは，440枚の耕作水田を，会長144枚，子息の社長161枚，親戚の管理部長135枚が分担し，早朝（5～7時）と夕方の一日2回を基本に行われている．従業員は，時間内は機械の操作と整備などで目いっぱいであり，基本的に水まわり作業を行っていない．受託水田のあるそれぞれの集落への水まわりは気を遣うものである．水路の管理については村ごとにルールがあり，「ほかの在所の者は，水門（水路の分岐にあるゲート）にさわるな」と注意されたこともあったという．和多農産では各集落でのルールに従ったり，水路清掃へ参加したりして，各集落との関係に配慮している．

4　地域をつなぐ水と水管理

　日本の稲作は，水田と水路をつくること，すなわち灌漑とともに伝来し，それらを構築・管理する人々は，水田に隣接する台地（または微高地）に集落を設けた．小規模な水利農業としてスタートした稲作水田農業は，今日，灌漑水を制御できる用排水路と大区画水田に整備されてきている．整備された用排水路と農家の毎日の水管理が，精緻な水管理を可能とし，わが国の稲作技術体系を中心的に構成している．また，多雨地帯の湛水条件の水田での大型機械使用という画期的な稲作技術を可能にしている．

　平らで畦に囲まれた湛水田は，米生産の場だけでなく，国土を保全する機能を有する．水田の雨水を貯留する能力─洪水調節容量は，1975年日本全体で51億m^3，ダム洪水調節容量の2倍に達すると計算されていた［志村 1982］．現在，

水田面積は当時の75％までに減少しており，1975年よりも水田の貯水能力は減少している．また，畦で囲まれたテラス状の棚田は，大雨の際には傾斜畑に比べ土壌浸食に強いが，畦と水田の維持管理を怠れば崩壊し，土壌浸食がおき，災害にもつながる．さらに，水田には大量の水が流入し，流出していくが，水田の地下水涵養と水質保全機能も大きい．

　水稲と畑作物を適当な間隔でくり返す栽培方法は田畑輪換（＋方式または農法）と呼ばれる．田畑輪換の効果を発揮させる条件として，耕区単位・集落単位での灌・排水の管理および土壌水分・地下水位の制御が重要である．水田土壌は，湛水（還元的）状態と畑（酸化的）状態をくり返し，① 雑草発生の抑制，② 土壌病害の発生の低減，③ 湛水条件下での有機物の蓄積と畑作物への養分供給，再湛水時の窒素放出（乾土効果），④ 土壌の団粒化などの物理性の改善，⑤ マメ科作物の輪作体系への組み込みによる窒素供給，⑥ 輪作体系への飼料作物の導入による耕種農業と畜産の結合，が期待できる．こうしたことから田畑輪換は有機農法や環境保全型農業にも取り入れられている．

　農村景観は時代とともに変わってきたが，稲と畦と水から生み出される水田風景の基本は変わらない．山間地に展開する斜面地の水田の連なりは棚田と呼ばれ，棚田景観を形成している．棚田を訪れた人は原風景を見るようだと言う．実際，棚田では，伝統的で多様な水管理や地域固有の栽培方法を見いだすことができ，多様な動植物の姿を見ることができる．

　現在，米過剰で水田の休耕や転作が実施され，過疎や後継者難の問題も加わって，放棄・荒廃化した水田が目立っている．荒廃水田は過疎が進み獣害被害の多い中山間地で著しい．水田の上流には必ず水利施設と水源があり，山地ではそれは森林である．持続的な水利用のため，森林と田のつながりは重要であり，棚田と森林の問題は，総合的に中山間地を捉え，また，流域全体として取り組んでいく必要性が高い．水田の荒廃は，生産手段としての土地の逸失にとどまらず，水田に刻まれた歴史と人々によって築き上げられた財産・国土資源の損失であると思う．水源地域・水利施設・水田は，わが国の農業の高い生産性を持続的に保持してきた誇るべきシステムである．このシステムが一度壊れると，その回復は容易でない．

　SDGsの17目標の中で，「飢餓ゼロ」「健康と福祉」「安全な水とトイレ」「住み続けられる町」「海の豊かさ」「陸の豊かさ」などに，水は深く関与する．それらの目標達成に向けて，水は，人々と集落・地域，農業と工業・商業，都市

と農村などを結ぶ重要な役割を発揮する.

　新潟県上越市の小学5年生の「きき米」の授業で，子ども達は，自分達の作った米や地元農家の作った米を区別・判断できるという［井上2020］. ポイントは水であるようだ. 稲作と地域の水や風土を子ども達に，また，日本の稲作と水田を次の世代につないでいくことが求められる.

注
1） 水文とは水循環の中心概念のことである. ユネスコの定義では「地球上の水の発生，循環，分布およびその物理的ならびに化学的特性，さらに物理的ならびに生物的環境と水との相互関係」とされている（みんなで作る土木用語辞典，http://doboku.ezeords.net，2022年4月25日最終閲覧）.
2） 湛水または排水不良により酸素が欠乏して土壌が還元される結果，二価鉄やマンガンなどが生成して土層が灰色ないし青色に変化する現象をグライ化作用といい，この作用を受けたグライ層が土壌断面の主要部を占める土壌をグライ土壌とよぶ. 地下水位が高く，その変動が少ない排水不良の沖積低地の水田に広く分布する.
3） 渇水時等に灌漑地域を区分し，それぞれに限られた時間ずつ順番に灌漑用水を配分する方法・制度. 配水管理に多大の労力を要する.
4） 七ヶ用水は2014年世界かんがい施設遺産に登録された. 建設から100年以上が経過し，農業の発展に貢献したもの等，歴史的・技術的・社会的価値のある施設を国際かんがい排水委員会（ICID）が登録. 世界17カ国123施設，日本では44施設が登録されている.
5） ライニング水路は，水路表面をモルタルやアスファルトなどでコーティングを施した水路で，ライニングによって水漏れを防ぐことができる.
6） 水田内の主要水管理のひとつであるが，固有名詞として定着しているので，ここでは「間断灌漑」と記す.
7） 畦畔で囲まれた目に見える区画. 湛水落水操作の単位であり，田面を均平にする単位でもある. 畦区とも呼ばれる.（新沢嘉芽統・小出進「耕地の区画整理」）
8） 川向義政［1999］『いわうち昔話』では，岩内集落で81の水田地名が記録されている.

引用文献
石原邦［2001］「環境保全型農業から農業技術と農業教育を考える」渡部忠世編『日本農業への提言——文化と技術の視点から——』農山漁村文化協会.
井上弘司［2010］「トンネルを抜けると」地域再生診療所ホームページ（http://tiiki-saisei.jp，2020年12月27日最終閲覧）.
川尻裕一郎［1990］『田園誕生の風景』日本経済評論社.
記念誌編集委員会編［2000］『宮竹用水土地改良区創立50周年記念誌』宮竹用水土地改良区.
工楽全通［1991］『水田の考古学』東京大学出版会.
JA能美・能美小松営農推進協議会［2021］「令和3年度コシヒカリ栽培ごよみ」.
志村博康［1982］「水田・畑の治水機能評価」『農業土木学会誌』50(1).
新村麻実［2021］「長期間・多岐に渡る水管理作業」『水田の水管理対策企画』農業共済新聞.

中村均司［2009］「京都府丹後地域の棚田稲作における圃場内小水路の機能」『2009年度日本農業経済学会論文集』日本農業経済学会.

農業用水を核とした健全な水環境プロジェクト研究幹事会［2014］『手取川流域の明日をめざして──人々の生活を支える水環境──』石川県立大学出版会.

北陸農政局手取川流域農業水利事業所［2015］「手取川七ヶ用水・宮竹用水マップ」

真勢徹［1994］『水がつくったアジア　風土と農業水利』家の光協会.

山口正篤［1993］『あなたにもできる安心イネつくり──ラクして倒さず1俵増収──』農山漁村文化協会.

山崎不二夫［1996］『水田ものがたり──縄文時代から現代まで──』農山漁村文化協会.

（中村　均司）

column 4　棚田と水管理

　棚田とは山間地や丘陵地などの傾斜地に階段状をなし，畦畔をつけてひらかれた小区画の水田のことです．四季折々の棚田の優しく凛としたたたずまいに心魅かれた方も多いと思います．その美しさは日本の原風景ともいわれ，どこか郷愁を感じさせます．こう感じるのは私達日本人だけでなく，英国出身の写真家ジョニー・ハイマスはその写真集で，「日本を代表する美景観」という高い「文化的価値」として評価しています [ハイマス 1994].

　いうまでもなく，棚田は米をつくる生産の場であり，多大の経費と労力を費やして造成された「農民労働の記念碑」であるともいわれています [古島 1967].しかし，生産性重視に偏った米の生産環境，担い手の高齢化，野生動物による被害などにより，棚田の耕作放棄と山村荒廃が同時進行しています．これに対し1990年代ごろから，棚田の美しい景観，土壌流亡防止や洪水調整機能，生物多様性確保など，国土保全・環境保全の立場からの評価も高まります．そして，全国棚田（千枚田）サミットの開催（1995年〜），日本の棚田百選（1999年），棚田米の評価と産直，棚田オーナー制の実施などをはじめ，グリーン・ツーリズムや都市農村交流でも棚田の保全活動が意識されます．このように生産者・消費者，行政，研究者，学生など広範な取組みが展開されてきたことは特筆されることと考えています．

　棚田の美しさに心いやされる人もあり，あるいは棚田を造成し，維持し続けている先人や農家の労苦に思いを馳せる人もいるでしょう．加えて，棚田のつくりやそこでの稲作も興味深いものが少なくありません．水管理もそのひとつです．

　棚田では，伝統的な水管理や地域固有の栽培方法を見いだすことができます．多様な技術を現地で見ることは，私達が当たりまえとしていることが，本当に普遍的なのか，それとも一面的なあるいは偏見を伴う見方なのかを知るのに有効です．それぞれの地域毎の自然生態条件が多様であれば，それに即して展開される農業技術・農法も様々です．このような視点からも棚田を評価する必要があると思います．地域固有の農業技術や農法の多様性が急速に失われつつある現在，このことは一層大切であると考えられます．

　中国雲南省南部に位置する紅河哈尼族彝族自治州元陽県には，1300年以上の歴史を有し，海抜170 m の谷底から1980 m の山腹まで約 1 万2900ha の面積を有する世界最大規模の棚田があります．その規模の大きさと景観の壮麗さ，この地で農業を営む少数民族の伝統文化などが評価されて，「世界農業遺産」と「ユネスコ世界文化遺産」に登録されています．

　元陽を初めて訪れた時，それまでの棚田へのどちらかといえばノスタルジックなイメージは吹き飛んで，人知・人為への畏敬と悠久の重みに身が引き締まる思いでした．同時に，ダムや揚水ポンプや大きな水路も見あたらず，どうやっておびただしい水田に水の手当てをしているのだろうか，ということが素朴な関心事でした．

　この急峻な山間地の気候類型は下から上に向かって，熱帯，亜熱帯，温帯に変化していきます．2000ｍを超える山に降った雨は渓流や湧水になり，棚田の上位の田から下位の田に流れ，最終的には下部の田や河川に注ぎます．すると熱帯の気象が大量の水蒸気を発生させ，それは山の中腹まで上昇し，そこで冷やされ雲や霧になり，再び雨となります．地形と大気・気象のコラボによるダイナミックな水の循環，この持続的な水循環システムは稲作に不可欠であり，同時に棚田と稲作は水循環システムの一翼を担っているのです．

　水の分配には，古くから「刻木分水」というルールがあり，これは農家が相談して各々の水田に必要な水量を決め，水田と水路の境界や水路の分岐点に分水木—上面に溝を刻んだ角材—を設置して水を分配するものです．田への配水は，田越し灌漑です．稲収穫後から翌年の田植えまでの冬期休閑期も湛水され，これは元陽棚田の特徴です（写真１）．これらは，限られた水を村内で公平に配水し使い切る知恵なのです［中村 2008］．

　日本の棚田の用水については，かつては降水にのみ依存する天水田であるとか，谷底から汲み上げるのではないかとの説もありました．1970〜80年代以降，調査研究が進み，河川から導水される用水路や比較的大きなため池によって灌漑される水田とそうでない水田に区別されること，後者の場合でも，降雨・融

写真１　世界遺産の棚田を支える灌漑システム（中国雲南省元陽）
出所）2007年１月，筆者撮影．

雪水を高い畦によって貯留したり，横井戸（水ヌキ，ガマ，スイドウ，横穴，ショウズヌキ，ガニセ，マンボなど地方毎に多様な呼称がある）・小ため池・沢水などの補助的水源を有しており，降雨だけに依存する天水田ではないとされています［中島 1999］.

　さらに，京都府丹後半島における棚田のほ場内小水路の調査では，水量の確保だけでなく，冷や水対策すなわち水温管理対策も講じられていました（**写真 2**）［中村 2009］.

　2019年棚田地域振興法が施行され，棚田周辺の地域振興も後押しされています．2022年，「つなぐ棚田遺産」として271地区が選定されました.[4] つなぐ棚田遺産では，農家のほか自治体やJA，商工観光業者など多様な主体が関わって，棚田保全を図るものです．あなたも身近な棚田や興味のある棚田に足を運んでみませんか．そして，共感する何かがそこにあったら，それを契機に棚田地域との関りを結んでみてはどうでしょう.

写真2　ほ場内小水路（京都府宮津市上世屋）
出所）2009年，筆者撮影.

注

1）「棚田」のことばはその形状に由来しますが，室町時代前期の文書に表れます.

2）農水省が1988年に実施した「水田要整備量調査」において，中山間地域の水田面積を定量的に把握するため，傾斜1/20以上の土地にある水田を棚田とされました.

3）1999年7月，農林水産省は全国117市町村の134地区を「日本の棚田百選」に選定．棚田のもつ多面的機能が評価され，その維持・保全を図ることが目的とされました.

4）棚田百選から20年以上が経過し，担い手不足などから荒廃している棚田も少なくなく，農林水産省は2022年2月15日，改めて次代に残したい棚田271カ所を「つなぐ棚田遺産」（「新百選」，「令和の百選」）として選定しました．「つなぐ棚田遺産」の中で前回に続いての選出は，約35％の94カ所にとどまりました.

引用文献

中島峰弘［1999］『日本の棚田―保全への取組み―』古今書院.

中村均司［2008］「雲南元陽県の棚田における稲作技術――元陽県土戈寨村に見る灌漑方法と水管理システム――」『2008年度日本農業経済学会論文集』.

――――［2009］「京都府丹後地域の棚田稲作における圃場内小水路の機能」『2009年度日本農業経済学会論文集』.

ハイマス，ジョニー［1994］『たんぼ――めぐる季節の物語――』NTT 出版.

古島敏雄［1967］『土地に刻まれた歴史』岩波書店（岩波新書）.

（中村　均司）

第 5 章　協同組合による共感と連携

は じ め に

　協同組合は，理念を掲げ，その理念を様々な活動を通して組合員，役職員らが共感・共有し，それを事業として具体的に実践するところに特徴がある．ここでいう事業とは，いわゆる企業的な意味でのビジネスではなく，モノやサービスを介した組合員の経済的取引であり，事業の進め方（事業方式）において利用者である組合員が参加・参画するプロセスも含めて捉えることができる．したがって，事業の実施にあたっては，単なる利用者（顧客）ではない組合員と協同組合とのつながり方（連携）が重要になる．

　それでは一体，協同組合が共感の対象として掲げている理念とは何か．協同組合が組合員や地域社会とつながるためには何が必要か．本章では，協同組合の基本的な特性と若干の歴史的経過も紐解きながら考えていきたい．

１　協同組合への注目と期待

　近年，協同組合への注目が集まり，特に農村地域も含めた持続可能な地域社会づくりに果たす役割への期待が高まっている．その背景のひとつに，今から10年以上前（2011年）に起こった東日本大震災がある．当時はもちろんのこと，その後も後を絶たない多くの自然災害を契機に，人と人とがつながって助け合うことの大切さや，私達が暮らす地域社会を安全・安心で豊かに育むことの重要性が再認識されたからである．実際に被災地の現場では，被災者を支えるために食料品をはじめとした生活物資の供給に，農協，漁協，生協をはじめとする各種の協同組合が貢献し，今もなお復興に向けての不断の努力がなされている．また，最近のコロナ禍の下で，若者をはじめとする生活困窮者への支援を行う協同組合もみられる［田中 2020など］．

　こうした協同組合の事業や活動が評価されて，国連は，2012年を国際協同組

合年（IYC: International Year of Co-operatives）と定めた．世界的な食料危機や金融・経済危機に対して協同組合の事業や活動が耐久力を示したことを理由に，疲弊する経済・社会を再生する重要な主体として協同組合の役割に注目が集まったのである．そこでのスローガンは，「協同組合がよりよい社会を築きます」（Co-operative enterprises build a better world）であった．これは，組合員の「共通の利益（共益）」を追求する組織である協同組合が，真摯に事業や活動を展開することによって，豊かな地域社会づくり，すなわち組合員のみならず地域住民も含めた「公の利益（地域の公益）」を実現することが協同組合の使命であること，そして，協同組合が積極的に公益を追求していくことが，「組合員の暮らし（共益）」をより良くするという認識に立つものである．

　さらに2016年には，協同組合の「思想と実践」がユネスコ無形文化遺産に登録された．その理由は，協同組合が「共通の利益と価値を通じてコミュニティづくりを行うことができる組織であり，雇用の創出や高齢者支援から都市の活性化や再生可能エネルギープロジェクトまで，さまざまな社会的な問題への創意工夫あふれる解決策を編み出している」（2016年11月30日，ユネスコ無形文化遺産保護条約第11回政府間委員会）とされ，人と地域とを結び，暮らしの向上と豊かな地域社会を形成している協同組合の役割が評価されたからである．

 ## 2　協同組合の定義と基本特性

（1）定　義

　協同組合は組合員（メンバーシップ）制を採り，出資をした特定の組合員による事業の利用，運営を行うことを原則とした，いわば閉じられた組織である．1995年，ICA（International Cooperative Alliance：国際協同組合同盟）によって定められた「協同組合のアイデンティティに関する ICA 声明」（以下，95年原則）においては，協同組合の定義が次のように示されている[2]．

> 「協同組合とは，人々が自主的に結びついた自律の団体です．共同で所有し，民主的に管理する事業体を通じ，経済的・社会的・文化的に人々が共通に必要とするものや強い願いを充たすことを目的にしています．」

　このように，協同組合は共通の思いや願いを持つ人達（組合員）が自主的に作る運動体であり，それを実現する事業体でもある．このことはしばしば，協

同組合が有する二面性と呼ばれるが，両者の規定関係に注意しておきたい．つまり，協同組合の存在価値（アイデンティティ）は運動目的を実現することにあり，事業はあくまでその手段として位置づけられている．

（2）三位一体性

協同組合の基本特性は，組合員が出資者（所有者），事業利用者，運営参画者という3つの性格を一体的に有する「三位一体性」にある．つまり協同組合は，人間である組合員が自らの意思で出資し，事業を利用し，運営に参画する組織であり，協同組合が「人的結合体」（人間の組織）と呼ばれるゆえんでもある．

表 5-1　協同組合と株式会社との比較

	協同組合	株式会社	（参考）NPO 法人
目的	・組合員の生産と生活を守り向上させる（組合員の経済的・社会的地位の向上，組合員および会員への最大奉仕）〈非営利目的〉	・利潤の追求〈営利目的〉	・公益の増進に寄与する
根拠法	・農業協同組合法，水産業協同組合法，森林組合法，中小企業等協同組合法，消費生活協同組合法など	・会社法	・特定非営利活動促進法（NPO 法）
組織者	・農業者，漁業者，森林所有者，勤労者，消費者，中小企業の事業者など〈組合員〉	・投資家，法人〈株主〉	・法人の趣旨に賛同する者（財源は，入会金，会費，寄付などからなる）〈会員〉
事業，利用者	・事業は根拠法で限定 ・事業利用を通じた組合員へのサービス，利用者は組合員	・事業は限定されない ・利益の分配を通じた株主へのサービス ・利用者は不特定多数の顧客	・事業は根拠法で限定 ・事業の利用者は特定されない
運営者	・組合員（その代表者）	・株主代理人としての専門経営者	・原則として会員（総会には参加できない賛助会員なども可）
運営方法	・1人1票制（人間平等主義に基づく民主的運営）	・1株1票制（大株主による運営支配が可能）	・議決権に格差を設けることも可能

出所）北川・柴垣［2018：22］より抜粋（一部修正）．

これに対して株式会社は，上で述べた3つの関係が必ずしも一致していない．投資者である株主は，自らが保有する株式の価値（配当）に関心があり，株式会社も利潤の極大化を目的として経営を行いながら株主への還元を重視する．このことから株式会社は，「資本結合体」（資本の組織）と呼ばれることがある．

　こうした特性の違いは，組織の運営原則にも表れる．すなわち，株式会社の1株1票制に対して，協同組合は1人1票制の原則を有し，出資額の多寡に関わらず誰でも同じ1票の権利を有している．また，人的結合体と関連して，協同組合には非営利という特性がある．協同組合における非営利性とは，利益の分配を構成員に行うことを目的としていないことを指し，株式会社が株式の価値最大化と株主への還元を目的としていることと対比される考え方である．以上のことも含めて，協同組合と株式会社との違いを比較したのが**表5-1**である[3]．

（3）非公益性

　こうした協同組合と組合員との関係から，協同組合は，制度的には公益性を有していないとされる（非公益性）．ここで公益性とは，広く社会全般の利益，あるいは特定化されない受益者を想定することをさす．つまり協同組合は，一部で員外利用が認められているもののメンバーシップ制を原則としており，特定化された組合員を対象に事業・運営を行う組織である．この点に関連して農業協同組合（農協，JA）を例にとると，農業協同組合法の第1条では次のように定めて，農協を「農業者の協同組織」と規定している[4]．

　　「この法律は，農業者の協同組織の発達を促進することにより，農業生産力の増進及び農業者の経済的社会的地位の向上を図り，もつて国民経済の発展に寄与することを目的とする．」

　この点において，NPO法人が「公益の増進」（特定非営利活動促進法第1条）を目的としているのとは対照的である．したがって協同組合は，非営利・非公益の組織として制度的には位置づけられるものであり，「組合員の共通利益の増進を目的とした事業を行う共益の組織」と呼ばれることがある．

③ 協同組合と地域社会

(1) 先駆者達の思い

　このように，制度的には共益の組織として位置づけられる協同組合であるが，実際に組合員のみを対象にした閉じられた組織をめざしてきたのかというと，決してそうではない．

　19世紀初め，"協同組合思想の父"とも称されて後の協同組合の誕生に大きな思想的影響を与えた R. オウエン（1771-1858）は，イギリスのニュー・ラナークにおいて単に利潤のみを追求する経営ではなく，適切な賃金，労働時間の短縮，児童労働の制限，労働者住宅の改善，安価で良質な生活必需品の供給など，労働者とその家族のために条件を整え，福利厚生の充実をはかる理想的な工場を作ろうとしたが，後に失業者の救済を目的とする「一致と相互協同の村」を計画したことでも知られている．

　彼の影響を受けた労働者達が1844年に設立したロッチデール公正先駆者組合は，出資金を出し合い，自分達の暮らしを守るために，生活に必要なものを共同で調達して分け合うしくみであるが，その際，① 目方や品質を正しくする，② 掛け売りは認めない，③ 代金は引き渡しと同時に行う，④ 剰余は購買高に比例して配分する，⑤ 出資金に対し3.5%の利子を支払い配当は四半期ごとに公表する，といった原則を定めつつ，将来は自立的な国内植民地（ホーム・コロニー）の建設を構想した．このことは，たとえば後に示された原則において，「市価で販売し，商人と競争しない」として地元の零細業者との共存共栄をはかろうとしたことや，「犯罪や競争のない産業社会を建設するため協同組合の商工業を発展させる」として，自分達が居住する地域社会をより良くする目的を視野に入れていたことから，ロッチデールの先駆者達は，必ずしも自分達の利益向上のみを目的とはしていなかったことがわかる［Holyoake 1907］．つまり，協同組合の先駆者達は，組合員の暮らしを守ると同時に，組合員が住み，組合が立地する地域社会がより良くなることを重要な目的としたのである．

(2) レイドロー報告

　オウエンやロッチデールの先駆者達が描いた社会建設の構想はいずれも実現しなかったが，あらためて協同組合と地域社会の問題に光を当てたのは，A.

F. レイドロー（1907-1980）である.

　1980年，第27回 ICA モスクワ大会において，彼が中心となってとりまとめた「西暦2000年における協同組合」（レイドロー報告）が採択された．そこで彼は，当時の協同組合が危機的状況に陥っているとして警鐘を鳴らした．特に，多くの協同組合が「信頼性の危機」（初期の頃，協同組合の存在が理解・認知されていない状態），「経営の危機」（協同組合の発展に伴い，その運営方法が確立していない状態）に次ぐ「思想的な危機」に直面しているとして，協同組合の関係者は「協同組合の真の目的は何なのか，独自の役割を果たしているのか」ということを真剣に考えるべきであると説いた.

　レイドローはまた，これからの協同組合が取り組むべき分野として，① 世界の飢えを満たす協同組合，② 生産的労働のための協同組合，③ 保全者社会のための協同組合，④ 協同組合地域社会の建設，という四つの優先分野を示した．彼は特に，「協同組合地域社会なるものを創設するという点で，都会の人々に強力な影響を与えるためには，たとえば日本の総合農協のような総合的方法がとられなければならない」[Laidlaw 1980] として，複数の事業を行いながら組合員の暮らしと地域社会に根ざそうとする日本の総合農協も念頭に置きながら，当時，ヨーロッパにおいて主流であった消費者協同組合だけではなく，多種にわたる協同組合を重視してその設立・発展を促し，協同組合が地域社会に積極的に関与していくことの必要性を強調した.

（3）第 7 原則と綱領

　レイドローの問題提起もふまえて改定された95年原則では，上述の定義および価値に加えて七つの原則が示されたが，特に第 7 原則として新たに「地域社会への係わり」（コミュニティへの関与：Concern for Community）が定められ，「協同組合は，組合員が承認する方針に沿って，地域社会の持続可能な発展に努めます.」とされた.

　先に述べたように協同組合は，あくまで組合員を対象にした事業・運営を行う共益の組織である．しかし，ロッチデールの先駆者達も構想していたように，原則として地域内に居住する組合員を対象として事業を行う協同組合は，地域に根ざした存在でなければならない．95年原則では，協同組合が地域において存在価値を発揮し，住みよい地域社会の建設，すなわち地域社会の「持続可能な発展」（Sustainable Development）に向けて積極的な役割を果たさなければな

らないことが初めて示されたのである.

こうした協同組合原則における第7原則を受けて,各種協同組合では綱領を制定する動きがみられた.たとえば,JAグループでは,それまでの「農業協同組合員綱領」の見直しを行った.内外の環境が激変する中で山積する課題に対応するため,あらためて農協が果たすべき社会的役割や使命を見直し,その理念を内外に知らしめる必要があったからである.そこで1997年に開催された第21回JA全国大会において,農協の理念と役職員の心構えを盛り込み,組合員および役職員が共有すべきものとして「JA綱領」が正式決定された.

その前文では,「わたしたちは次のことを通じ(以下に続く5つの主文を指す:引用者),農業と地域社会に根ざした組織としての社会的役割を誠実に果たします.」として,共益と同時に公益を追求する組織をめざすことが謳われている.そして,主文の最初の二つには,「地域の農業を振興し,わが国の食と緑と水を守ろう」,「環境・文化・福祉への貢献を通じて,安心して暮らせる豊かな地域社会を築こう」と定められ,多面的機能の維持も含めた農業振興に取り組むと同時に,豊かな地域社会づくりにも積極的に取り組むことが示された.[5]

 ## 4 期待される協同連携

95年原則や綱領で定められた協同組合による地域社会への関与の取組みは,それぞれの協同組合において積極的に展開されているが,近年,特に重要性が高まり,活動がひろがりつつあるのが協同組合間の連携である.それは,従来から協同組合間協同として1966年以来ICAの原則にも定められ,日本においても生協と農協・漁協による産直事業や都道府県単位での連携協議会の活動として展開してきたが,近年,あらためて協同組合間の連携の動きが高まっている背景として,次の二点をあげることができる.

ひとつは,2018年4月に日本協同組合連携機構(JCA: Japan Co-operative Alliance)が設立され,協同組合どうしのコミュニケーションの場が生まれ,県域における協同組合の連携組織の設立が進むなど,JCAが協同組合をつなぐコーディネーター機能を発揮しつつあることである.

2つには,2020年12月に労働者協同組合法が成立(2022年10月施行)し,働く人達自らが出資をして主体的に事業を運営する「協同労働」(労働,経営,事業の一体性)の考え方をベースとする労働者協同組合(ワーカーズ)が,協同組合

も含めた様々な地域の活動をつなぐ役割が期待されていることである[6]。

　実際の協同組合間連携の取組みは，組織の垣根を超えた人的な交流・学習活動，環境保全や防災をテーマとした地域活動，産直や店舗の共同運営といった事業連携があるが[7]，さらに協同組合の枠組みだけではなく地域の福祉や学校などの団体，地元の自治体や中小企業も関わりながら地域づくりの活動へと展開するケースも見られ，それらは「協同連携」と呼ぶべきものである。

　たとえば，石川県の「のとも～るスマイルプロジェクト」は，豊かな農林水産物や地域の貴重な資源があるにも関わらず，近年過疎・高齢化に直面している能登地域を応援するプロジェクトとして，地元の生協であるコープいしかわが多くの主体を束ねるつなぎ役になって開始された。具体的には，地域ぐるみで農商工連携に取組み，地域で穫れる豊かな農林水産物を活用した商品を開発し，そこに生産者や関係団体，製造業者や小売業者，さらには行政や学校等様々な主体が関わりながら能登地域を応援するプロジェクトである。プロジェクトチームには，地元の農漁業者，農協，漁協，製造・加工会社，スーパー，生協，市町自治体，高校，大学など，地域に存在する数多くの主体が関わる。また主体ごとに役割を明確に分担するだけではなく，商品開発，パッケージデザイン，広報・普及などはプロジェクトチーム全員で行うとともに，売上の一部を活動の助成や資源保全などに活用するために地元に還元する。

　このような協同組合を中心とした協同組織の連携は，「連結の経済効果」の考え方に基づくものである[8]。連結の経済効果とは，複数事業の実施とりわけ複数主体間のネットワーク的な結びつきを通して，情報や技術，人材等の経営諸資源が多重に利用され，それらが有効に利用されて生じる経済効果であり，複数主体間での共有資源の利用に基づくところに特徴がある。そこでは，共有された諸資源の継続的な利用を通じて，新たな気づきや情報の創出，人と人（主体と主体）との結びつきなどが実現し，それが組織構成員の満足度の向上（広い意味での利益の獲得）へと導く可能性がある。ここで重要なことは，主体間で一定の共感や信頼の存在であり，協同組合は，組合員も含めた地域における住民や団体との接点を作る様々な活動を展開することが必要になる。

⑤　多様な協同の主体を繋ぐ協同組合へ

　現実の協同組合は，市場経済に対応するために組織の大規模化を行い，絶え

ず効率化や合理化を求めて事業を進めていかなければならない状況にある．た
とえば農協では，その経営基盤を維持するために利益が出にくい営農面の事業
を信用事業や共済事業の利益で補う「信・共依存型」の経営構造を維持し，信
用事業や共済事業の単なる利用者（顧客）を増やすことに力点が置かれ，その
結果として准組合員が増加したことは否定できない．また，生協における班を
基礎とした共同購入事業は，女性（主として専業主婦）の存在を前提として彼女
らの無償労働に依存したビジネスモデルであったが，1990年代以降，女性の就
業率が向上したこともあり班の数は減少し，近年では個別世帯を対象とした宅
配事業が無店舗事業の主流になりつつある．

　このように，既存の協同組合が経営体側面の強化に力を入れている間，特に
2000年代に入って，地域では住民主体の自治や協同活動がみられるようになっ
た．そこでは，農地の利用調整や農機の共同利用などにとどまらず，農産物の
加工・販売，農家レストランの経営，住民向けの生活支援や福祉，資源や環境
の保全，都市住民との交流，日用生活品の販売（小店舗の経営）など，地域が抱
える課題に対応しながら，様々な事業が展開されている．こうした地域で協同
を実践する主体は，必ずしも狭い意味での利益追求にとらわれていない．地元
の資源を活用し，地域内外の人達と交流し，さらには地域での経済的循環も重
視した小さな事業や活動を展開している．運営においては，「組織の原理」（見
える関係を重視した人間どうしのつながり）を尊重し，協同の実践に関わる人達の満
足度向上と地域における公益の追求をめざすところに特徴がある．協同組合は，
こうした地域住民主体の活動をどう位置づけ，それに向き合っていくのか．市
場経済の失敗を克服し，社会問題や公共政策に積極的に関与する主体として，
地域における様々な協同の主体と積極的に手を結ぶ「社会的接着剤」の役割を
果たせるかどうかが問われている．

注
1）　協同組合が生活困窮者への支援を行う例として，ワーカーズコープ（労働者協同組合）
　　の取組みがある．
2）　以下，95年原則に関してはJA全中の訳文に基づく．
3）　協同組合が有する基本特性については，日本協同組合連携機構編集・発行『新 協同組
　　合とは〈四訂版〉』（2018年），北川・柴垣［2018］などを参照のこと．
4）　このように農協は，法制度上では農業者による職能組合として位置づけられている．
　　しかし，現実の農協は，農業者ではない（農地を所有しない）人達も出資をすれば准組

合員の資格を得ることができる．今後，農協の事業や運営の中で准組合員をどう位置づけるのか，重要な検討課題となっている．

5）　農協以外でも，森林組合（JForest 森林組合綱領）では，「地域・全国・世界の協同組合の仲間と連携し，平和とより民主的で公正な社会の実現に努めます」，漁業協同組合（JF 綱領）では，「海の恵みを享受する全ての人々とともに，海を守り育み，次代へ引き継ごう」「都市・農山村の人々と交流を深め，活気ある漁村をつくろう」というように，共益の組織にとどまらない公益的な役割が示されている．

6）　労働者協同組合法の第一条では，その目的を「持続可能で活力ある地域社会の実現に資すること」と定められている．

7）　最近の協同組合間連携の事例については，石田［2021］，日本協同組合連携機構のサイト（https://www.japan.coop/，2022年11月11日最終閲覧）などが参考になる．

8）　連結の経済効果（連結の経済性）の考え方については，たとえば，宮澤［1988：Ch.3］を参照．

引用文献

石田正昭編［2021］『いのち・地域を未来につなぐこれからの協同組合間連携』家の光協会.

北川太一・柴垣祐司編［2018］『農業協同組合論　第3版』全国農業協同組合中央会.

田中羊子［2020］「地域住民とともに仕事お越し・地域づくりに取り組むワーカーズコープの挑戦」『協同組合研究』40(1).

宮澤健一［1988］『制度と情報の経済学』有斐閣.

Holyoake, George Jacob［1907］*Self-help by the People : the History of the Rochdale Pioneers*. 10th ed. London: Swan Sonnenschein（協同組合経営研究所訳『ロッヂテールの先駆者たち』協同組合経営研究所，1968年）.

Laidlaw, Alexander Fraser［1980］*Co-operatives in the Year 2000*. London: International Co-operative Alliance（日本協同組合学会訳編『西暦2000年における協同組合〔レイドロー報告〕』日本経済評論社，1989年）.

（北川　太一）

column 5　子ども達から家庭が変わる──食育をめぐって──

　動物は食物から栄養を摂取し，生命を維持しています．しかし，人間とほかの動物では大きな違いがあります．たとえば，牛や馬は生まれて数時間後には自分の足で立ち，母乳を飲むことができます．その飲み方は一気飲みに近いものです．しかし，人間の赤ちゃんは生まれて数時間後では，寝返りすることも一人で母乳を飲むこともできません．何より飲み方に大きな違いがあります．一気飲みをしているようなときもあれば，休憩しているような間があったり，「眠っているのかな？」と声をかけたり刺激を与えると，また「くくっ」と飲み始めます．このような行動は人間の最初のコミュニケーションだといわれています．

　人間の食にはコミュニケーションが大変重要です．食べるということは，誰にでもあることなので，話の間口はとてもひろく，話題にもなりやすい内容です．その反面，思想的・経済的な部分等にも直結しているため，非常に個人的で繊細な部分でもあります．人間の食は生命維持の栄養補給はもちろんのこと，空腹を満たすだけでない，どこで・だれと・どんな気持ちで・何を食べるか等，見えない部分がとても大切だと思います．

　私は食育基本法の制定以前から「食・栄養教育」を実践し，調査・研究もしてきました．私が初めて学会発表した当時，就学以前の実践に関する報告は，一緒に研究してきた方との二つしかありませんでした．その時の調査では，継続的な栄養教育を実施することで保育所における子どもの食行動や一部の家庭での食生活の変化はみられたものの，多くの家庭や地域を巻き込むほどの変化はありませんでした．

　そのようななかで，保育所を統合・新設する機会があり，０歳児保育の実施にともない，新しく給食室を作ることになりました（それまでは給食センターからの配送）．自分自身が保育現場にいることで，より実践的な食育活動である「食・農教育」が実現できるようになりました．まず始めに，苗から育てて収穫し，調理・実食することで，子ども達が苗から育つ姿を観察し，興味をしめすようになり，一時的に，保育所や家庭で食への関心の高まりや苦手な食べ物にも挑戦するなどの行動がみられました．

　次に，どのようにすれば「家庭や地域にも効果があらわれるのか？」を考えました．身体は毎日の食事の長年の積み重ねによってつくられています．子どもの場合は自分で購入し調理できる訳ではありません．料理の作り手や家族の好みに左右され，購入する食材もその好みになる場合が多くなるといえます．そこで，何かのきっかけにより，家庭での食が見直されると，生涯にわたる食

（体）を変えていくという想いがあったからです．翌年からの栽培では，種から育ててみました．そして，保育所だけでなく，農家の畑と比べたり，家庭へポットで持ち帰ってみたり，いろんな人と関わる（地域・専門家・保護者等）・地域とつながる，調理体験・関わった方達と共食する・食品加工する等を実施しました．種をまいても全てが発芽する訳ではありません．畑が違うと生育の具合も全く違います．子ども達は「どうして？」と理由をいろいろ考えます．自分達が毎日生活するなかで当たり前に目にする生長─地域の農家の方々が栽培指導とともに子ども達と関わり，その関わりが地域にひろがっていく─この構図が，作物の生育とともに目にみえてひろがっていきました．生活のなかで当たり前にあることが，子ども達の言動や行動にも日常的に「食・栽培・地域」が表現されるようになりました．収穫する頃には，保護者の意識もかなり変わってきた感覚がありました．そして，収穫を迎え，保護者への試食会・配布物・アンケートを実施した際，家庭での変化に驚きました．また，その変化は食生活だけではなく，購買行動や地元産への関心となってあらわれ，翌年の保護者会活動では，従来の市販菓子の配布から地元産食材（保護者会が農家から購入）を使った保育所でのおやつの提供という形に変化しました．「子ども達のために」という想いが，日常生活のなかに当たり前にあることで，子ども達から家庭へひろがったと考えられました．

　自分が関わる・体験する・食べたらおいしかった！につながることは多くあります．農家のおじさんが作った野菜は「やっぱりプロは違うなぁ～」と，家庭でも同じ野菜を食べて子どもが一言．畑を見学し・収穫することで，自分が栽培したぐらいの気持ちになる子ども達．食材の購入時にも子ども達の意見が反映されるようになることで，家庭にも地域にも好循環が生まれました．共感することでおいしさがひろがるだけでなく，深まっているのだと実感しています．それは，生まれてから命が消えるまで，食形態は変わるかもしれませんが，食べるということは継続されていきます．「共感する」それは一人ではできないことです．食のコミュニケーション，日常生活のいろんな場面での「共感」を無理なく感じられるようになれば未来は明るいのではないでしょうか．

（伴　亜紀）

第6章 6次産業化と都市型マルシェ

① 6次産業化概念の誕生と多様化

　6次産業化という言葉は，今村奈良臣（東京大学名誉教授）が1992年に提唱した概念であり，高橋は今村の言葉を引用して「（6次産業化が実施される社会的意義は，農林漁業者が）これまでの安い原料提供者という下請けの農業からの脱却をはかり，日本農業に元気を注入すること[1]」［高橋 2013］とまとめている．今村がこの概念を提唱した背景には，Clark が提唱したペティ・クラークの法則[2]がある．今村はこの法則を元に，第1次産業の発展は，第2次産業，第3次産業を同時に行うことにあると提唱した．また今村は，当初6次産業化の概念を1＋2＋3＝6次産業としていた．ところが，3年半後に1×2×3＝6次産業に変更したという．その理由については，第一にバブル経済の後遺症として土地を売れば金になる，という風潮に警鐘をならさなければ第1次産業そのものが疲弊すると危惧したこと，第二に各部門間の連携を強化し，付加価値や所得を増やし，経済活動の基礎である第1次産業の所得を一段と増やそうという思いがあったこと，と振り返っている［今村 2017］．

　同時期に，農林水産省でも農村ビジネスに関する研究会が持たれ，1992年に「グリーン・ツーリズム」という概念が提唱された．グリーン・ツーリズムは，「農[3]」に関わらない人々が「農」と関われる機会を農村側が作ったところに意義がある．グリーン・ツーリズムは，都市農村交流を伴うビジネスとされ，都市の人が農村に来訪する機会を創ったとされている．農村の人々にとっては，自分達の「暮らしぶり」に価値を見出し，その暮らし体験をビジネスの資源として，自分達で地域の経営を再構築しようとしたところにその意義がある．また都市の人々にとって，農村という空間で休暇を過ごすことが，非日常体験として対価を支払う価値があるとされたのである．都市住民にとって「農」のある場が，癒しの空間であり，情操教育の場であり，非日常体験ができる空間だったのである．これらのことは後に「農業・農村が持つ多面的機能」として

法律化され（「農業の有する多面的機能の発揮の促進に関する法律」），国民共有の価値
となっている［中村 2020］．

　このように6次産業化やグリーン・ツーリズムが提唱された初期段階では，
農村にとっての地域づくりの一環として報告・研究されていたが，近年の6次
産業化に関する研究は，法人組織経営の一手段として分析されることが多い．
その理由として，2011年3月に施行された「地域資源を活用した農林漁業者等
による新事業の創出及び地域の農林水産物の利用促進に関する法律」通称「六
次産業化・地産地消法」の存在と無関係ではないだろう．本法律における事業
主体についての記載では「農林漁業者等」とある．従来の家族経営による6次
産業化組織体でもよいのだが，2次産業，3次産業を伴う事業展開を図り，支
援を受けるため必要となる地方農政局で総合化事業計画の認定を受けたり，販
路開拓などを行ったりするためには，社会的信用度が高いという観点から法人
の方が優位となる．そのため，家族経営から法人になった組織体や他産業から
1次産業に参入した法人など，法人格を持つ農林漁業者等が6次産業化を進め
る主体となってきた．また，それまでは女性起業など地域づくりから興ってき
た起業が6次産業を展開する代表的な主体と捉えられていたが，本法律施行以
後，女性起業の中でも小規模の組織体などは，6次産業化組織体としての主体
や研究対象となることは少なくなった．

　実際に農村地域では，多様な6次産業事業者が共存している．小林［2013］
によれば，6次産業化のタイプ分けは次の通りである（図6-1）．つまり，こ
の図に従うと，近年増えている6次産業化組織体は，事業の方向が「産業・ビ
ジネス志向」のものであり，法律として明文化されるまでの多くは「地域・コ

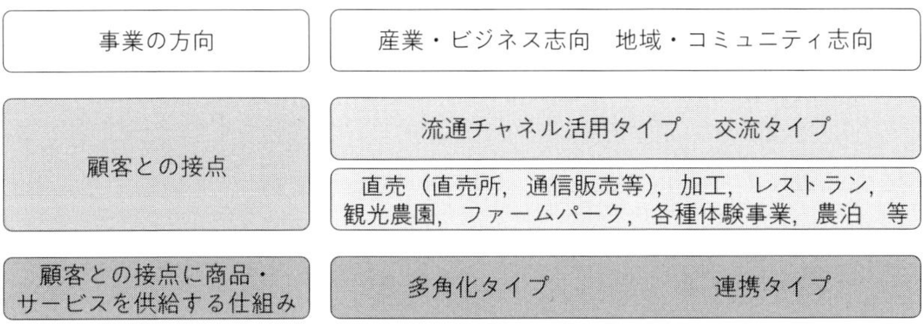

事業の方向	産業・ビジネス志向　地域・コミュニティ志向
顧客との接点	流通チャネル活用タイプ　交流タイプ
	直売（直売所，通信販売等），加工，レストラン，観光農園，ファームパーク，各種体験事業，農泊　等
顧客との接点に商品・サービスを供給する仕組み	多角化タイプ　　　　　連携タイプ

図6-1　6次産業化のタイプ分けの視点

出所）　小林［2013：13］より筆者作成．

73

ミュニティ志向」であったといえる．「地域・コミュニティ志向」の6次産業化経営体が主要であった時，農村では新たな流通・販売形態として「直売所」が登場する．

 ## 2 朝市・直売所・マルシェ

　日本では，以前より仮設型で食料品を販売する取組みがある．「朝市」をはじめ自治体や商工業者の協同組合などが主催する「地域イベント」である．近年の朝市は観光資源にもなっているが，元々は消費生活のためのなくてはならない場として存在していた．一方，地域の農林漁業祭や産業祭，地域イベントなど，地域密着型のイベントでは，訪問者（＝多くは地域住民）が楽しむための様々な催しが準備される．そのため運営と準備に時間と経費がかかりがちである．

　マルシェとは，フランス語であり「市」を意味する．国内でマルシェが広く展開するようになった契機には，2009年度に農林水産省が，地産地消・産直緊急推進事業として予算づけを行ったうちの「仮設型直売システム普及事業」通称「マルシェ・ジャポン・プロジェクト」がある．しかし，本事業は行政刷新会議の事業仕分けにおいて「廃止」の評価結果となり，1年限りでの廃止となった．この時の事業受託民間企業および団体が現在までその形態や場所を継続している場合もあるが，多くはそれ以外の複数の企業，団体が新たにマルシェを展開してきている．マルシェという言葉が社会的な定着をみせ，多様な企画に転じたことは，農林水産サイドの事業展開の評価に値するといってよいだろう．

　仮設型で定期開催されているマルシェには，2つのタイプがあるといわれる．① 施設管理者主導型と② 運営者主導型である［豊嶋ほか 2015a］．①では商業空間の一角に農産物を介する潤いの空間演出を目的とし，積極的に集客を行い，飲食のための空間も提供する．②では都市住民と「農」との交流はもとより，都市住民同士の交流の活性化も期待しており，各種のワークショップを開催するなど，運営方法として，楽しく長時間滞在し交流できる仕掛けに力を注いでいる，と分析されている．言い換えれば，①のタイプは販売品を魅力として集客しており，②のタイプは交流空間を魅力として集客しているといえる．

　一方で，2009年あたりからひろがりを見せる日本でのマルシェは，フランス

をはじめとする欧米のマルシェを参考としているものも多い．欧米のマルシェでは，生産・製造者の対面販売と共に，音楽を奏でる者，大道芸を披露する者をよく見かける．また販売形態も多様で，テント型もあれば，キッチンカー型もあり，肉や魚類の販売，その場での量り売りや調理販売，カット販売などがある（写真6‐1）．すなわち楽しめる空間となっている

写真 6 ‐ 1　イギリスのバラマーケットの一角
　　　　　　フレッシュな大麦ジュースがその場で
　　　　　　作られる

出所）　2013年，筆者撮影.

ことが特徴である．日本でも，「朝市」と「地域イベント」が合体しつつも，時間と経費をできるだけかけずに，頻度を増やす地域イベントを目指したものがマルシェと考えることができるだろう．

　現在，全国で1194カ所（2022年2月9日現在）ある道の駅には農産物直売所が設置されているところが多く，また，特産物を売りにしたJA直売所も賑わっている．しかし，こうした農村部にある直売所へ自由に行ける消費者は，自家用車を持つ層のみであり，都市の中心部に住む自家用車を保有しない層にその機会はほとんどなかった．ところが，都市型マルシェの誕生によって，「農」の空間を共有することが可能となる．都市型マルシェでの出店に，地元農村部で直売方式に慣れた6次産業化経営体が，その経営を成熟させる過程で可能になったと考えられる．

　都市型マルシェの特徴と「農」の空間を共有するステークホルダーのひろがり[4]方をこれからみていくこととするが，その前に，次節でフランスのマルシェについて，その成り立ちと現状について先行研究やインターネットの情報源からみることとする．

③ フランスのマルシェ

　フランスのマルシェ運営に関する文献には，佐藤［2013］，工藤（原）ほか［2019］や田中［2020］などがある．フランスのマルシェは，5世紀から始まったといわれている［佐藤 2013］．消費者の生活にとって，マルシェは必需の場であった［田中 2020］．パリ市でのマルシェの運営は，1980年までは行政が管理運営を行っていたが，その後，一部を除き民間会社3社に運営が委託された．また，出店者による委員会があり，委員会は，出店者および出店者の追加商品に対して意見を述べることができるとされている．設置場所は，公道や公園など公共用地である．パリ市では，市が定めた「屋外食品マルシェ規則」に則って運営が行われる．運営経費は出店料によるが，閉店後の清掃とゴミ処理は市が負担する．この市の負担はマルシェから得られる税金では賄えず赤字ではあるが，「マルシェは公共サービスのひとつ」という意識があるため，続けられている［佐藤 2013］．

　また，2020年はフランス全土で約250のマルシェが新設され，フランスにおけるマルシェの総数は増加していることが報告されている［自治体国際化協会パリ事務所 2021］．自治体国際化協会パリ事務所［2021］によれば，マルシェ出店者が加入する全国組織であるフランス全国マルシェ連盟（以下，FNSCMF: Fédération Nationale des Syndicats des Commerçants des Marchés de France）の会長と事務局長は次のように語っている．「近年，マルシェは首長が住民へ政治的なメッセージを送る手段のひとつとなっている．伝統的なマルシェは朝に開催されるが，2021年現在，大型店舗に対抗するため，夕方から夜間，週末に開催されるものが増えている．また，以前は，マルシェ新設の際には，周辺店舗からは競合相手が増えるとして反対されることが一番の障壁になっていた．しかし，近年では真の競合相手は郊外の大型店舗及びインターネット販売であり，これらに対抗するため周辺店舗とマルシェは協力する必要があるとの新しい考え方がひろがり，共同のイベントなども行われている．マルシェの成功には自治体の積極的な関わりが必要で，マルシェ出店者の売上げ増を図るためのプロモーション，良好な開催場所の選定，良好な衛生環境の保持が特に重要となる．」

　こうしたフランスのマルシェ運営経過をモデルに，これまでの日本での都市

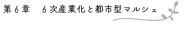

型マルシェ研究や筆者が運営・企画をしてきたマルシェの実態からマルシェの価値を考察してみたい.

 京都府庁こだわりマルシェの企画運営からみたマルシェとは

（1）京都府庁こだわりマルシェの企画・運営

　京都府庁こだわりマルシェ（以下，府庁こだわりマルシェ）は，2009年3月から企画が開始されている．京都府庁旧本館は，1904年建造で国の重要文化財に指定されているが，その建物の特徴を活かした利用が求められた．企画開始当時，ソフト事業的な利用も含めて府有財産を活かすべきとの方向性が打ち出され，同時に府庁周辺の住民（地元名士）には，建物を補修して府民の誇るべき財産にしたいという思いがあった．また，京都府の主要施策のひとつとして，「地域力再生プロジェクト」事業が創設され，京都府の行政職員と住民とがフラットで話し合い，課題解決を見出すプラットフォーム方式が採用された．その結果，様々な分野の人が集まって，「旧本館利活用プラットフォーム」が立ち上がり，そこで京都には伝統的な産物や製品が数多くあり，農産物の販売も同時に行うようなマーケットをしてはどうか，という提案があがった．筆者はプラットフォームのメンバーではなかったが，相談が持ち掛けられた．当時NPO法人日本都市農村交流ネットワーク協会の立ち上げに参加し，食品加工などの6次産業化を担う府内の農村女性起業のネットワーク化をめざして活動をしていたためである．マーケットのコンセプトが設定されていなかったので，ヨーロッパの「マルシェ」のイメージと意義をプラットフォームに説明・提案した．ヨーロッパの休日の市庁舎の広場で開催されるマルシェに人が集まる様子と京都府庁旧本館の洋式建築のイメージが重なったからである．偶然，国のマルシェジャポンと同じ年のことであるが関係はない．2020年3月のコロナ禍で休止するまで，その後マルシェは11年間続いた．このマルシェを企画・運営するにあたり，仕事の内容と関係者や関係組織の役割分担等，すなわちステークホルダーの変化について，**表6-1**にまとめた.

　京都府の対応部署は，府有資産活用課と農産課の2つである．農産課はエコファーマーのとりまとめを行っている部署であり，農産物はエコファーマーか有機農業者に限り，加工食品では何らかの形で京都府内の農産物の利用（地産地消）を条件とした．雑貨については，手作り品で出展者自身のあるいは誰が

表 6－1　京都府庁こだわりマルシェの関係者および役割分担等の推移

| | 京都府職員 | | | | | | 地元住民 | | | | | | | | | 雑貨屋社長 | | | 大学教員・NPO法人理事 | | | 出店者 | | | 学生 | | | 新聞記者 | | |
| | 府有資産活用課 | | | 農産課 | | | 地元名士 | | | 自治会・ボランティア | | | 地元商業者 | | | | | | | | | | | | | | | | | |
役割	初期	中期	後期	初期	中期	後期	初期	中期	後期	初期	中期	後期	初期	中期	後期	初期	中期	後期	初期	中期	後期	初期	中期	後期	初期	中期	後期	初期	中期	後期
1　PR(チラシ作成、配架等)	○	○										○							○	○	○								○	○
2　舞台・講演企画			○									○			○	○	○	○			○					○	○		○	○
3　デザイン								○				○																○		
4　出店者募集				○	○											○	○	○						○						
5　出店者管理					○	○		○								○	○	○				○	○							
6　保健所対応																		○												
7　説明会・意見集約	○	○																	○	○	○									
8　店舗設置設計	○	○	○																○	○	○						○			
9　店舗設営	○	○	○		○	○													○	○	○					○	○			
10　電源配置	○	○	○																○	○	○					○	○			
11　電源設置	○	○	○																○	○	○					○	○			
12　出店車整理	○	○	○																							○	○			
13　消防対応																														
14　舞台演出対応																			○	○	○			○	○	○	○			
15　マスコミ対応																				○	○				○	○	○			
16　保険対応	○																			○	○									
17　クレーム対応																				○	○				○	○	○			
18　ゴミ処理	○	○	○																			○	○	○		○				

出所)　筆者作成.

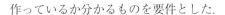

作っているか分かるものを要件とした.

　初期, 中期, 後期とあるのは, マルシェの企画運営体制に変化が見られた時期で区分けしたものである. 初期は開始年の2009年から4年間である. この時期は, 必要経費の3分の2を京都府の地域力再生プロジェクト事業から補助を受けることができた. 中期は事業開始後5～8年目の4年間で, 企画内容およびその役割分担が明確化した時期といえる. 後期は開始後9～11年の3年間で, 10年目を目前に出店者でもある京都府庁周辺の商業者や農業者, 加工食品業者が企画者との話し合いのうえ, 企画と広報へ積極的に関わった時期である.

（2）府庁こだわりマルシェの実施からみたマルシェの社会的意義

　都市型マルシェ（以下, マルシェ）研究には, 豊嶋ほか［2015a；2015b；2019］, 武田ら［2021］, 都市部あるいは都市近郊で行うオーガニックマルシェを対象とした研究には, 尾島ほか［2015］, 鷹取［2016］などがある. ここでは, 企画・運営者の立場からみたステークホルダーの変遷によるマルシェの社会的意義について述べる.

1）実態の概要

　初期は生産者や加工事業者からの出店ニーズが高く, 出店主体は6次産業化による農村の直売所での販売に慣れていた生産者やNPO法人の会員などである. また, 京都市内では以前から「手作り市」と呼ばれる催しが神社仏閣の境内で行われており, これら出店者間の勧誘で本マルシェへの出店登録者数が増えていった. 1回目の33事業者から4年目には112事業者となる. またその間, オーガニック系の小売店事業者からの問い合わせや出店者同士でコラボ商品が生まれるなど, 専門事業者同士での販路・商品開発が進められた.

　中期には, 様々なイベントからの出店要請があった. マルシェのようなイベントを実施していないグループから集客あるいは交流のツールとして, 府庁こだわりマルシェが求められ, その期待に応えた. この時期は, 年に1-2回はミニマルシェとして他所での出店を企画・運営した. また, ほかのマルシェから学びに来るもの, 大学関係者による取材や大学講義とのコラボなど, 社会的要請の幅がひろがった.

　後期は, 10周年を迎えることもあって, 京都府庁周辺の商業者や農業者, 加工食品業者の参画により, イベント内容が充実したものになっていった. また,

10周年を迎えた2018年度から広告収入企画が発足したが，これは参加する商業者からの発案である．

　本マルシェの集客及び客層の変遷を記す．当初より京都府庁周辺の自治会や個人の協力により，周辺住民約6000軒にチラシが配布された．また，京都府が実行委員に参画していることで，府庁記者クラブへの情報提供が行われ，京都府の機関紙「府民だより」にはよく掲載された．京都府と京都市や民間事業者との連携活動も利用し，地下鉄構内，コンビニ，郵便局でのチラシの配架も行われた．京都府の広報企画で，雑誌2ページの特集掲載がなされたこともあり，私鉄からは沿線情報として広報誌への掲載依頼があった．何よりも，多様な出店者が自らチラシの配布や情報発信などを行ったことにより，より広範囲な消費者が集まった．なお，実現はしなかったものの，府外からのバスツアーの立ち寄り場所として，さらには海外（台湾）の情報誌への掲載など，多様な媒体からの問い合わせもあった．雨天時以外は，毎回の来訪者数は1500人前後で安定していた．

　また，客層については，開始当初は府庁の周辺住民が中心で，年齢層も年配者が多い傾向であったが，中期になると，親子連れが増え，特に就学前の子どもの姿が増えていった．この頃，全国的にもマルシェが増え，各地のマルシェがトレンド的なものとして国内で受入れられていった影響もあったと思われる．後期には，外国人客も目立ってきたが，これは京都市という地の利によるものかもしれない．

2）マルシェの成立要件からみた社会的意義

　本章でいう「社会的意義」という言葉は，価値の共有があってこそ成り立つと考え，使用している．

　まず，本マルシェを立ち上げることができたのは，行政，民間事業者，研究者，消費者など異業種間での話し合いによる価値の共有によるものであった．費用負担からみると，施設管理者である京都府が，施設の利用料および駐車場料，電気使用料，テント保管料，準備のための人件費を負担した．流動的経費であるテント，机，電源コード，広報，店舗設営および撤去，保険料，企画・運営のための人件費，当日のボラバイトは運営者と出店者の負担である．形態的にはフランスのマルシェに近いといえる．

　次に出店者である．農村の出店者がこのマルシェに参画できたのは，先に分

析したように，地元農村部で直売方式に慣れた6次産業化経営体が，その経営を成熟させる過程で可能になったと考えることができる．また，マルシェが継続されるうちに，地元商業者の参画も増え，出店者同士の交流，各出店者間のコラボ商品，小売業者からの販売オファーなど，他業種で異業種のステークホルダーとつながることができる場となった．このことから，農村からの出店者にとっては，都市消費者だけでなく交流の横幅がひろがる意義があったといえる．

　最後に，京都府（行政）にとっての意義を考えたい．当初に参画した地元名士の願い通り，旧本館内にある「旧議場」は中期の末にリニューアルされ，地元住民にとって誇りあるものになった．また，府庁マルシェに訪れた延べ1万5000人以上の人にとって旧本館は身近な存在になったに違いない（写真6-2）．来庁できなかった人にとっても，様々な広報媒体に取り上げられることで，その存在は知られたことであろう．京都府の当初の目的であった旧本館の利活用の可能性は広げられ，かつ，旧本館に足を運ぶことを通して府民の京都府（行政）への親近感が醸成されたに違いないことも追記しておきたい．

　本マルシェは，施設管理者主導型であるが，運営者主導型ともいえる．運営者主導型のものは，都市住民と「農」との交流，都市住民同士の交流，楽しく長時間滞在するための仕掛けに力が注がれている［豊嶋2015a］とされており，本マルシェも力を注いできた点である．フランスのマルシェは歴史ある取組みであり，「マルシェが公共サービス」という認識の共有が国民の間であるのに対して，日本のマルシェにはそういった認識が行政側にない，もしくは弱い．それゆえ，日本のマルシェは，運営者と出店者のみならず，買い物客にとっても熱望されるものでなければ存続しない．農林畜水産物の購入という視点に立

写真6-2　京都府庁マルシェの様子
出所）2018年，筆者撮影．

てば，日本でのマルシェは必需の場といえるほどではないのかもしれない．しかし，コロナ禍でも様子を見ながら都市型マルシェが展開され続けるのは，マルシェに出品されている農産物や加工食品，もたらされる交流の時間や空間への関係者の価値観が共通するからであろう．こうした価値観が社会のうねりとなり，マルシェに対する行政側の価値観が変われば，府庁こだわりマルシェが復活する日も来ると考えている．

注
1） 今村奈良臣［2017］「シリーズ JA の活動：今村奈良臣のいま JA に望むこと　第6回 農業の6次産業化」農業協同組合新聞　2017年3月19日（https://www.jacom.or.jp/ noukyo/rensai/2017/03/170319-32281.php，2022年1月16日最終閲覧）を参照．（ ）内 は筆者の注釈．
2） ① 一国の所得が第1次産業から第2次産業へ，さらに第2次産業から第3次産業へと 増大していく② 一国の就業人口も同様に第1次産業から第2次産業へ，さらに第2次産 業から第3次産業へと増大していく③ その結果，第1次産業と第2次産業，第3次産業 との間に所得格差が拡大していく，という実態から，1，2，3次産業という概念を生 み，この①から③の実態が見られるのは，経済的進歩の結果であるとクラークが提唱し た理論
3） 高橋信正［2013：1］にならって「農」の意味は，生産場面だけでなく，それと関連す る諸事象をも含めた意味をさすこととする．
4） ステークホルダーとは，あらゆる組織の利害関係者をさすことば．民間企業の場合も， 持続的発展を目ざす必要があるため，株主などの投資家だけでなく，従業員，顧客，取 引先，金融機関，債権者，地域社会，自治体，政府などがステークホルダーに含まれる と考えられている．
5） ここでいうプラットフォーム方式とは，課題の解決に向け，住民達が積極的に関わり， それぞれがもつネットワークや知恵を活かしながら，理想の将来像を考えるための話し 合いの場のこと．京都府の事業では行政職員と住民が話し合いの場を積極的に持った．
6） エコファーマーとは，1999年7月に制定された「持続性の高い農業生産方式の導入の 促進に関する法律（持続農業法）」第4条に基づき，「持続性の高い農業生産方式の導入 に関する計画」を都道府県知事に提出して，当該導入計画が適当である旨の認定を受け た農業者の愛称名（農林水産省）．

引用文献
尾島一史・佐藤豊信・駄田井久［2015］「オーガニックファーマーズマーケット発展のため の運営の要点」『農林業問題研究』51(3).
工藤（原）由佳・徳田昭雄・原泰史［2019］「食産業のイノベーション——フランスにおけ るオープン型エコシステム（後編）——」『立命館経営学』58(3).
小林重典［2013］「6次産業化のタイプ分け」高橋信正編著『「農」の付加価値を高める六次 産業化の実践』，筑摩書房.

佐藤亮子［2013］「さまざまな「市」運営の仕組み比較——アメリカ・フランス・日本の事例より——」愛媛大学地域創成研究年報 no. 8.

自治体国際化協会パリ事務所「2020年，フランスで新たに250のマルシェが誕生！フランス全国マルシェ連盟を訪問取材」（http://clairparis.org/ja/clair-paris-blog-jp/blog-2021-jp/1536-2020，2022年1月16日最終閲覧）.

高橋信正［2013］「本書を読むにあたって」高橋信正編著『「農」の付加価値を高める六次産業化の実践』筑波書房.

鷹取泰子［2016］「屋外型有機直売市の存在意義とその活用——北海島帯広市の事例から——」『有機農業研究 8(1).

武田史織・大江靖雄［2021］「都市型マルシェ出品者の売り上げ満足度とその要因」『農林業問題研究』57(2)pp. 77-82.

田中道雄［2020］「近年におけるフランスのマルシェ——フランス文化の琥珀——」『大阪学院大学商・経営学論集』45(1・2).

豊嶋尚子・武田重昭・加我宏之・増田昇［2015a］「場の提供型と交流型間の利用者特性から見たマルシェの社会的意義に関する研究」『環境情報科学　学術研究論文集　29』.

豊嶋尚子・武田重昭・加我宏之・増田昇［2015b］「仮説型直売システム定期開催型『マルシェ』の社会的意義と担い手の役割に関する研究」『ランドスケープ研究』78(5).

豊嶋尚子・清水夏樹・星野敏［2019］「農家経営におけるマルシェ出店の意義とプラットフォーム機能」『農村計画学会誌』38(3).

中村貴子［2020］「地域住民主体による地域ブランド商品づくりの展開」，北川太一編『地域産業の発展と主体形成』放送大学.

（中村　貴子）

column 6 「果物語(くだものがたり)」で地方を元気に

　今から15年前の2006年頃，両親と私の家族3人で農業をしていました．朝から夜までみかん畑で仕事をして，販売もスーパーへ自分達で配達していました．

　2010年頃からみかんジュースを作ったり，ジャムやドライフルーツにも取組みました．しかし失敗の連続で，商品が発酵してしまい百貨店などへのお詫び行脚や自主回収などをしてお客様に大変なご迷惑をおかけしました．

　販売先は市場出荷やスーパーから，個人のお客様への通販がほとんどになりました．しかしこちらも失敗の連続で，お客様から叱られてばかりでした．

　忙しくなり，家族だけでは間に合わなくなり，従業員さんに来てもらうようになりました．しかし未熟な経営のため，悲しいことに多くの従業員さんとの別れがありました．

　4年前（2018年）に，園地内に念願のフルーツパーラーを設けました．しかし，飲食業などは全くの未経験ですので，多くのお客様にご迷惑をおかけしながら，改善改良を進めている日々です．試行錯誤ばかりですが，フルーツという地方の原石を宝石に変えることで，フルーツは老若男女の皆様を笑顔にするということを知りました．

周年：フルーツパフェ　周年：レモンパフェ　冬春：いちごパフェ　春：さくらんぼパフェ　春：びわパフェ　夏：すいかパフェ　夏：メロンパフェ

夏：ももパフェ　夏：近大マンゴーパフェ　夏秋：ぶどうパフェ　秋：いちじくパフェ　秋：柿パフェ　冬：みかんパフェ　冬：まりひめパフェ

季節の和歌山県産フルーツを使用した「フルーツ農園パフェ」

出所）観音山フルーツガーデン提供．

　そして，2021年10月18日，観音山フルーツパーラー東京1号店を銀座にオープンしました．地方創生のためには，リスクを覚悟でお客様のところにいかなければなりません．「消費地銀座」と「生産地和歌山」の両極端のイメージギャップ．このギャップを近づけるため，農業現場の活性化において，お客様と地方は一蓮托生です．

　二宮尊徳が言われた「道徳なき経済は犯罪であり，経済なき道徳は寝言である．」という言葉を私達は大事にしています．

　「経済」の語源は何かと調べると「経世済民」からきていると言われています．「経世済民」とは，「世を経めて（治めて）民の苦しみを済う（救う）」という意味があります．「経済」とは，お金の話や損得の話ではなく，世のため人のためになるに，どのように生きれば良いかを考えることだと思います．

　世の中を良くするためにはどうすれば良いか．

　二宮尊徳と同じように，渋沢栄一は「論語とそろばん」と言いました．アダムスミスは「国富論」より「道徳感情論」の方に重きをおいたと言われています．

　私達のビジョンは「「ありがとう！」と「笑顔！」が溢れる会社と社会へ．」です．そして私達のミッションは「果物語でお客様と地方を元気にする．」です．さらに私達の経営理念は「全従業員の物心両面の幸福を追求するとともに，六次産業で六方良し（創り手→売り手→買い手→世間→地球→未来→創り手→売り手→買い手→……）の経営を行う．」です．全ての産業は「価値創造提供業」であると考えており，私達にとっても6次産業は手段でしかありませんが，6次産業を行うことで1次産業の魅力を高めることができます．

　道徳と経済のバランスを取りながら，持続的に経営を行い，どのように世の中を良くしていくか．

　ぜひあなたの命を，自分のためだけでなく，世のため人のために役立てるために学んでください．あなたは自分の命を何のために使いますか？　どう生きますか？

（児玉　芳典）

第7章

農村での地域づくり

　農村における「地域づくり」のはじまりには，特産品開発が関係している．農業改良助長法（1948年施行）に基づき全国に配属された生活改良普及員が農家女性への指導を行い，転作作物の大豆などを活用した味噌や納豆餅などの伝統食を商品化し，特産品として販売したのが契機となった．この成果をふまえて農業基本法（1961年施行）に基づく新農業構造改善事業（1978年）や農村地域定住促進対策事業（1979年）を活用して都市農村交流施設の整備が進む．併せて，農林水産祭むらづくり部門（1979年）などが実施されるなかで都市農村交流がひろがり，さらには農村移住へと展開していく．現在では，Society 5.0時代[2]の中で仮想空間である農村でアバター[3]となった都市住民が農産物の購入はもとより，農業を体験する社会になるのではないだろうか，今後の展開は未知数ともいえよう．

　しかし，どのような社会においても，地域づくりの基本は同じである．本章では筆者が経験から得た，地域づくりの基本的な考え方と事例について述べていく．

 ## 1 地域づくりの基本的な考え方

　地域づくりの目的を個々の収益と考えるのか，地域が持続するためのシステム構築やコミュニティーの充実と考えるのかで，用いる手法は異なる．事業目的が収益であれば企業化を進め，指揮系統を明確にするなかで役割に応じて収益を分配することとなる．地域の持続を目的とするのであれば，それぞれがボランタリーな役割を果たすことで，金銭だけでない充足感を得ることとなる．近年は有償ボランティアの言葉に違和感を受けることがなくなってきたが，農村住民は「お金の為にしているのではない」と金銭の受け取りを嫌うケースもみられる．ここでは，収益の必要性もふまえつつ，ボランタリーな地域づくりに焦点を当ててみたい．

図 7 - 1　計画の策定

出所）　筆者作成.

　行政機関において政策を展開する際，最初に取り組むのは，**図 7 - 1** に示す「政策・施策・事業」のピラミッド形態に目的と分野，事業を落とし込むことである．たとえば，政策を「農村ツーリズムの推進，目標は村を訪れる都市住民 1 万人」と仮定すれば，施策は「ハードの整備・受入れソフトの充実・情報の発信」などに区分できる．

　ハード整備の事例として，筆者が京都府自然環境保全課長を務めていた時（2016年度）の地域からの要望は，トイレや展望台，散策ルートの整備が中心であった．受入れを進めるソフト事業としては，やはり筆者が京都府農村振興課で都市農村交流の担当者であった時（2002～2005年度）に農村の人々と相談して実施したのは，芋掘りや伝統食づくりなどの農業農村体験であった．体験企画や散策ルートなど情報発信は，行政機関や観光協会の広報媒体を活用していた．近年では自らが作成する HP や Twitter など SNS が有効な手段となっている．

　これらの事業展開に必要となるのが，**図 7 - 2** で示す「人材」，「資金」，「環境」である．事業の質を上げるのが関係者の「想い」で，事業を円滑に進めるのが「コーディネート」になる．コーディネーターには全体を俯瞰し，より良い方向を示し，適材適所を図る．また，人的ネットワークを活用した人材の紹介などが求められる．

　人材は，「企画の検討」，「決定」，「実行」の全ての場面において必要となる．農村地域においては，企画を決める人と実行する人は農村住民となるケースが多い．しかし，近年は地域以外の住民が企画，決定し，自らが実行するケースも散見される．

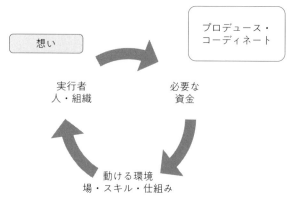

図7-2　事業の3つの条件＋α

出所）　筆者作成.

　企画だけを捉えると，参加者の意向を重視する目的で，当初から地域住民以外の人が企画検討に参加するケースはみられた．このケースにおいても，最終決定は地域住民が行うのが一般的であった．以後，様々な事業が展開されるなかで，中心的な役割を果たすのは当該地域の出身者（以下，旧住民）だけでなく，当該地域に移住した新規転入者（以下，新住民）の場合も増えてきている．この理由は個々のキャラクターも要因となるが，筆者は事業に関わる人数が10人以下の場合には新住民がリーダーとなるケースが多いと考えている．関わる人数を要因と考える理由として，筆者が中心となって京都府が行った調査結果がある．京都府では中山間地域の衰退状況を把握し，振興施策を検討するために農家戸数が5戸以上の1674集落を対象に土地改良施設などの集落共同管理活動（水路・農道・ため池）に関するアンケート調査を行った．翌年の1996年に共同管理を放棄すると回答した15集落と，逆に同条件でも適正な共同管理を行っていると市町村から推薦のあった4集落においてヒアリング調査を行った［京都府農林水産部 1998］．ヒアリング調査で筆者が認識した重要な点は，新住民の存在である．多くの集落には新住民が移住しており，集落戸数が10戸を切ると旧住民が新住民を集落の一員として認め，新住民が自治会長などの主要な役割を担っている．リーダーが新住民であることが，新たな展開や関係性を生み出すことも多い．20年ほど前に地域づくりの講演で耳にした「風の人・土の人」，「よそ者・若者・バカ者」が，その真意を教えてくれる．

新住民に新たな展開を委ねる理由として，農村地域は旧庄屋や村役などの伝統的なシステムに頼ることが多く，多様化する社会状況に対応できなくなったためと考えられる．しかし，現在は個々の農村集落で人材（若者）を育てる意識も強くなっているほか，より広域的な連携組織において人材を育成する仕組みも整いつつある．

　資金については，農村地域では行政機関から事業補助金として提供される場合が多く，都市部よりも有利な状況にある．支援体制も整っており，前述の生活改良普及員や市町村職員から情報を得て，始まった事業も多くみられる．行政からの補助金の例としては，農村集落へ農地面積の割合で配分され，地域づくりに活用できる中山間地域等直接支払制度が2000年から始まり，2014年からは日本型直接支払が法律に位置付けられた．ほかに，京都府では地域交響プロジェクト交付金（2017年度までは地域力再生プロジェクト交付金）など，地域づくりを進める団体のための支援制度も整っている．この交付金事業が始まった2007年から2020年までに資金支援をした団体数は延べ約8000件となり，その総額は約27億5000万円となる．当交付金は農村地域だけを支援する事業ではないが，農村地域においても多く活用されている．行政からの補助金とは異なるが，ソーシャルビジネスとしての展開や，クラウドファンディングのように志を広く求めるなかで，農村の地域づくりを展開する事例もみられる．

　環境（社会環境）として，地域づくりに関係する法令や事業を推進する技術，さらには関係者が集う拠点となる空間や仕組みとして異業種交流を進めるプラットフォームの場など，事業を推進するため条件を整えることが必要となる．最後に成功の鍵となるのが，関係者の「想い」と「コーディネート」であり，やはり人材が重要となる．

2 　地域づくりの事例

　ここからは地域づくりの事例として，コロナ禍までは70万人（2019年）が訪れていた南丹市美山町（以下，美山町）を取り上げ，集落単位で観光事業を展開する「かやぶきの里保存会・有限会社きたむら」と，旧村単位の地域づくりを担う「鶴ケ岡振興会・有限会社タナセン」を紹介する．なお事例については，「地域経営におけるまちづくり『人口減少社会の地域経営政策』」［鈴木 2022］を引用し，加筆修正を行っている．

（1）美山町の観光概要

　美山町では全国の農山村と同様に過疎化と高齢化が進んでおり，1955年に1万128人であった人口は，現在3559人に減少し，2015年から2020年の5年間での人口減少率は12%（522人）と高く，高齢化率も44%から48%に増加している．主な産業は農林業だが，町面積340km²の96%が山林であるため，農業適地が少なく水田面積261ha，畑地面積28haと農家一戸当たりの平均耕作水田面積は65aと少ない［農林水産省 2015］

　過疎化と高齢化が進み，大規模農業が展開しにくい美山町であるが，かやぶきの里として有名な北集落や芦生原生林を中心にグリーン・ツーリズム（エコツーリズム）の展開で全国的に知られている町でもある．このような展開が進められるようになった理由は，1993年に設置した「グリーン・ツーリズム整備構想策定委員会」においてモデル構想を策定し，都市農村交流を展開したことによる．特に修学旅行の受入れにも積極的で「見る観光」から「体験・行動する観光」を中心に進めている．

（2）かやぶきの里保存会・有限会社かやぶきの里

　観光の中心的役割を果たしているのが，かやぶき屋根の家屋が多く，日本の原風景と評される「かやぶきの里　北村」である．北集落への推定入込客数は，1994年が6万人，1998年が8万人，2003年が21万人，2008年が23万人と増加しており，コロナ禍前は年間25万人が訪れる観光地となっている．

　このように北集落が日本を代表する観光地となった経緯は，1988年に文化庁の保存対策調査事業の候補地となり，同年の10月に「かやぶき屋根保存組合」を結成し，屋根ふきの応援や素材である茅の貸し借りなどの仕組みを整え，他事例を学ぶことから地域づくりを進めたことにある．また，同年に美山町が「第3回全国農村アメニティーコンクール　優秀賞」を受賞し，かやぶきの里として知られるようになったことも契機となった．

　集落内の家屋は山麓の傾斜地に石垣を築き，段々に整地した宅地に建てられており，かやぶき屋根の家屋の全景を一望することができる．江戸時代中頃から末期にかけて建てられたかやぶき家屋は北山型民家に分類され，丈の高い入母屋造の屋根と神社の千木[4]のような飾りに特色がある[5]．1993年に国の重要伝統的建造物群保存地区として，周囲の水田と山林を含む集落全体が選定されたことで，集落内の44戸が修理修景事業の適用を受け，トタン屋根の数棟が葺き替

えられ，2021年現在39棟がかやぶき屋根となっている．集落の世帯数は47戸であり，8割を超える家屋がかやぶき屋根の家屋である．集落には96人が暮らしており，高齢化率は44.7％である（2021年4月現在）．

北村かやぶきの里保存会が制作した25周年記念誌［北村かやぶきの里保存会2018］をベースに地域づくりの経緯を示すと，特産品の開発として1991年には集落センターの一階に，きび餅やあわ餅などの加工販売を行う「北村きび工房」を集落の女性が中心となって設立した．同年に指定された京都府の市町村シンボルづくり事業を活用して1993年4月には「かやぶき民俗資料館」（現在，美山民俗資料館）を開館したことで集落の散策ルートができることとなった．地域を訪れる魅力が高まったことで，年間3万4000人の来訪者が5万人へと増えることとなった．

さらに施設整備は進み，1994年4月にかやぶき集落保存センター「お食事処きたむら」，1995年には体験宿泊棟「民宿またべ」の開業で，観光地としての施設が充実することとなった．「お食事処きたむら」の開業に併せて，集落出身で大学を卒業する若者から参加（店舗責任者となる）したいとの意向があり，集落全体で地域づくりを進める意識が高まることとなった．これらの施設の特徴は運営資金の出資者（一口5万円）を募集していることである．出資者の数人は無限出資者として経営にあたり，1993年に48戸の常住世帯の全戸が加入して組織された「かやぶきの里保存会」が事業を行うこととなった．

来訪者も毎年5000人ほどが増加するなかでのさらなる転機となったのは，2000年に集落のほぼ全戸が出資した「有限会社かやぶきの里」の設立である．有限会社かやぶきの里は，北村きび工房など上記の4つの事業団体を統合し，観光関連施設の運営と食材を確保するためのソバなどを集落農地の8haの半分強に当たる約5haで耕作している．また，その経営の基本は当初から地元雇用にある．現在も集落住民の雇用の中心に考えており，そば打ち職人の2名ときび工房の担当1名を除き，各施設の責任者等は北集落の住民である．しかし，設立当初は多くの住民が何らかの形で関わっていたが，現在での関わりは住民の半分以下となり，住民と観光の関係は薄くなっている．

「有限会社かやぶきの里」と両輪の存在である「かやぶきの里保存会」が，1996年の集落内での土地取引を契機に集落の景観を守るため1999年に制定したのが「北村かやぶきの里憲章」と「保全優先の基本理念」である．5つの項目からなる憲章は「祖先から受け継いだ伝統的建造物群と美しい自然環境を誇り，

守り，活力あるものとして後世に引継ぐ」ことを目的に定められ，実行に向けた基本理念として「集落の土地や家などを売ったり，無秩序に貸したりしない」，「店が立ち並ぶ観光地にせず，集落景観を現状のままで守る」，「茅葺きの散在する集落景観を経済活動や村おこしに活かす」などがある．この理念に基づき，集落内の藍美術館やピザカフェ，美山米パンなどの出店については，保存会が可否を検討し認めている．保存会では出店の許可だけでなく，景観を守るために3軒の住居を購入し，北村の景観を好んだアパレル関係者への賃貸やかやぶき職人の寮としての販売等も行っている．保存会の資金源として2020年4月から駐車場の有料化もはじめた．

　保存会の中野忠樹会長へのヒアリングでは，「おらが村」の言葉を多く耳にする中で，集落全体を意識してかやぶき民家と周囲の自然景観（農村）との調和を大切にされていることがよく理解できた．ヒアリングにおいて印象的であったのは，「この集落には3つの世代がある．上の世代は都会に行かないとだめだ．自分達の世代はこの景観を活かして生きていく．次の世代は藍美術館の家族やかやぶき職人アパレル会社の家族など，この集落が好きで移り住んできた若者達である」との発言で，時間軸での住民意識の違いを明確にされていた．30年以上，地域づくりに関わってきた中野会長から受けた理念は，「かやぶきの里の景観を守る」ために住民関係と経済行為のバランスを取ることが重要で，世代間で異なる価値に応じて手法を変化させることへの是非を問わないことである．時代の求めに応じて形態を変えることができる集落型の地域づくりのように思えた．

（3）鶴ヶ岡振興会・有限会社タナセン

　美山町では，2001年から「住民主導の町づくり」として，2001年から五つの旧村に住民と行政を結ぶ「振興会」を立ち上げ「日本一の田舎づくり」をめざして，地域の将来計画を策定し，官民一体となった町づくりを進めている．振興会では，「住民の利便性を高める」「地域課題の掘り起こし」「人材の発掘及び育成」の3つの理念（目標）を持ち，住民の生活向上を主とした事業を展開している．実施当時，美山方式として大きな注目を集めることとなった．

　そのうちのひとつである鶴ヶ岡村を例にとる．鶴ヶ岡村では，町の指導のもと1989年に鶴ヶ岡村おこし委員会を立ち上げ，地域の活性化に取り組んでいたが，過疎化が進む中で自治会や公民館，財産区，村おこし委員会などの村役が

重なるようになり，村役が重複することの軽減化と住民自治を進めるために各組織を一本化した「鶴ヶ岡振興会」を2001年に設立した．組織を一本化することで，その場で解決策を検討できることとなった．併せて，その解決策を実行するため町役場の管理職と事務員の 2 名が常駐する体制と検討内容を実行するための予算が配分された．2006年の南丹市への合併後の現在（2021年）も，鶴ヶ岡振興会には南丹市嘱託職員（非常勤）が配置され，南丹市からの補助金と約300世帯からの年会費を原資として，様々な事業を展開している．

鶴ヶ岡振興会の事業展開の指針は，「誰もが鶴ヶ岡地域に住み続けたい」と思えるまちづくりを進めるために2013年に策定した「鶴ヶ岡地域振興計画」である．計画を社会状況に応じた内容に修正することは必要で2020年に改訂するなど，地域の将来ビジョン（数値目標）を持って各種事業を進めている．地域のめざす五つの将来像の中に，「人口を増やす」，「地域の所得を増やす」，「みんなが関わるまちづくり」等がある．

鶴ヶ岡村は18集落からなる307世帯が暮らしている．人口はピークであった1960年の2279名から2021年の665名に減少しており，過疎化が進んだ村といえる．この現状に対して，振興計画では「人口を増やす」ために，各集落において10年間で一世帯の移住を進めるなどの目標値を設定しており，成果指標を重視した計画となっている．組織は企画総務部，地域振興部，生涯学習・社会教育部の 3 つの部から構成され，各部において「高齢者移送サービス」，「空き家情報の調査把握と情報発信」，「農家民泊受入れの推進」，「親水公園の有効活用の検討」などの事業を進めている．

鶴ヶ岡振興会と両輪の役割を持つのが「有限会社タナセン」である．有限会社タナセンが設立された経緯は，1997年に日用品の購買機能を持つJA（農業協同組合）の支所が廃止されることとなり，その対応を検討するために地域振興協議会が結成されたことに始まる．協議会では日々の暮らしを守るために出資（一口 5 万円）を募り，地域住民106名等から集めた約1000万円の出資金のもとに有限会社タナセンを設立し，1999年に開設したのが「ムラの駅たなせん」である．国道沿いにあるタナセンは購買部，農事部，福祉部をもち，農家の人々が出品している野菜や日用品，農作業用品など暮らしに密着した品を置いている．農事部では耕作機械の貸し出しを行っている．福祉部では2000年に元気老人いきがい施設「よっこらしょ」を開設するほか，自家用車の運転ができない高齢者のために2010年から「ふるさとサポート便」を運行し，高齢者の注文に応じ

て商品を届ける．ほかにも野菜の集荷などを行うことは，安否確認にもつながっている．このほか，福祉部では雪かきオペレーター（26名）による雪かきや，草刈の受託も行っている．まさに，生活に必要なサービスを地域で提供しており，住民自治のモデルともいえる．

　有限会社タナセンと振興会が地域づくりの両輪であることは，振興会が2013年に国土交通省が行った「小さな拠点」のモニター調査地区（全国12ヵ所が採択）に応募し，その補助金で15歳以上の全住民アンケートを行い，回答のあった573名の38.7％にあたる222名から希望のあった「高齢者移送サービス」をソーシャルな事業として有限会社タナセンに委託していることからもわかる．

　2020年度までの8年間，鶴ヶ岡振興会の会長をされていた下田敏晴氏へのヒアリングで，これらの取組みができる基本に「自分達の村は自分達で守る」の精神が息づいていると感じた．ヒアリングの中の「アンケート結果で住み続けたいと思われている方が83.9％になる．住んでいる人が楽しいと思える地域にすることが大切であり，全ての活動が人間関係で成り立っている．視察者から高齢者に手厚い事業を行うより，若者を重視する必要があるのではとの質問に，『年寄を大切にしない場所に若者が住みたいと思わないと返答した』」との言葉が印象深い．

（4）2事例からみた地域づくりの要点

　北集落と鶴ヶ岡村の事例から，「住民組織が村づくりの方向性を定める」，

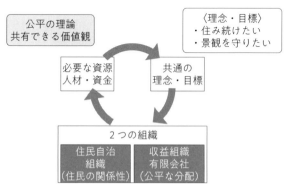

図7-3　地域づくりの概念図

出所）筆者作成．

「独自の財源をもって事業を進める」ことの重要性を知ることができる．さらに地域住民にとって必要な雇用の場，生活物資の販売，福祉サービスなどを事業として展開できる有限会社の有用性も知ることができた．2つの事例は，地域経営の概念もふまえた住民自治による未来型の地域づくりの事例だと考える（図7-3）．

③　共通資本からはじまる地域づくり

　冒頭に地域づくりのはじまりは，地域の特産品開発と述べた．無論，地域づくりの形態は様々で異論もあろう．重要な点は，地域としての新たな共通資本となる特産品を共有したことにある．共通資本の活用には，特産品の製造方法や販売所などについて新たな規範が必要であり，規範のいくつかはルールとして定められることになる．これらの過程も重要な地域づくりといえよう．特産品開発は女性が中心であったことも，農村における地域づくりに大きなインパクトを与えることとなった．

　農村地域の伝統的な共通資本をいくつかあげると，農耕のための水路や道路の管理は，今も普請の形態で行われている．コモンズ（共同利用地）としての里山などは，よく知られている．精神的な部分としては，伊勢講や神社の氏子，ほかには結などの仕組みもある．これらは農村型コミュニティの形成に重要な役割を果たしてきたが，都市化（アーバニゼーション）が進む現代に適応しない部分も多く，重視されない状況もみられる．

　本章では「村に住み続けたい」，「美しい景観を後世に残したい」との目的のもとで，計画や憲章を作成し，実行に必要となるルールを定め，様々な事業を展開している事例を示した．鶴ヶ岡では「住み続けたい」の想いを地域全体の共通資本と位置付けられる．付け加えるなら地域の人間関係（ソーシャルキャピタル）も共通資本といえよう．また，北集落では，「かやぶき民家の景観」，その景観を大切に想うことが共通資本であり，日本さらには世界中の人々が大切にしたいと願い，景観の存続を自分達が担っているとの想いが重要となる．建物は個人財産だが，景観，さらには借景までを共有財産とする事例に京都市が制定した京都市眺望景観創生条例（2007年施行）がある．京都市では眺望景観や借景の保全・創出のために，条例に基づき「眺望景観保全地域」を指定し，建築物等の標高規制やデザイン規制や事前協議（景観デザインレビュー）を義務付

けている．このように共有財産である景観を共通資本とする考え方の具体化は進んでいる．

　2つの事例にみられる「有限会社」も共通資本といえよう．有限会社は生活に必要なサービスや雇用を自分達の手で生み出すために設立しており，その事業内容は社会環境に応じて変化している．有限会社を共通資本とする理由は，住民が意思で事業内容を決定し，経済的利益よりも地域で暮らし続けることに価値基準を置いているからである．

　最後になるが，本章では地域づくりの基本的考え方として「人材・資金・環境」，そして「想い・コーディネート」を意識し，住民の誰もが納得する共通資本が必要であることを述べてきた．特に強調して伝えたい点は，地域づくりには「真」となりうる「共通資本」を共有するための規範を持つ必要性である．規範の成立過程が地域内でコミュニティを維持し続けることとなる．さらに共通資本がもたらす精神的効果や経済的効果が見える化されることで，次の地域づくりを展開する原動力にもなる．地域づくりを進める際に，必要とされる事項の多くは資金や人材となるが，対処療法ではなく地域が求める本質を忘れてはいけない．

注
1）　生活改良普及員は，国の方針によって各都道府県に配置された．同時に，農家女性の組織「生活改善実行グループ」を作ること，文字通り生活改善のための活動を指導する存在であった．2005年に法改正が行われ，国の予算も削減されたために，人数縮小する都道府県が相次いだ．
2）　Society 5.0とは，「サイバー空間（仮想空間）とフィジカル空間（現実空間）を高度に融合させたシステムにより，経済発展と社会的課題の解決を両立する，人間中心の社会（Society）」で，狩猟社会（Society 1.0），農耕社会（Society 2.0），工業社会（Society 3.0），情報社会（Society 4.0）と定義されている．
3）　アバターとは，化身，具現などの意味を持つ英単語で，コンピューターネットワークでは自分の分身となるキャラクターのことである．
4）　北山型民家とは，入母屋造りの屋根を持ち，その構造は上部が切妻造（長辺側から見て前後二方向に勾配をもつ），下部が寄棟造（前後左右四方向へ勾配をもつ）となる．内部の間取りは中央の棟木で部屋を分け，食い違いの田の字型に区切るなどの特徴を有している．
5）　千木とは，神社の本殿に見られる屋根の上に突き出て交差した装飾材の事で，かやぶき材の重しにもなっており，屋根を横から見ると棟の上にV字型に組まれている木のことである．

引用文献

北村かやぶきの里保存会［2018］『日本の原風景　京都・美山かやぶきの里』北村かやぶき
　　の里保存会.

京都府農林水産部［1998］『京都府農村地域の維持管理実態 調査研究報告書』京都府農林水
　　産部耕地課.

鈴木康久［2022］「地域経営におけるまちづくり」，川島典子編『人口減少社会における地域
　　経営』晃洋書房.

農林水産省農村振興局「農村政策を中心とした戦後農政の流れ」（https://www.maff.go.
　　jp/j/study/nouson_kentokai/attach/pdf/farm-village_meetting-79.pdf），2022年1月12
　　日最終閲覧）を参照.

南丹市「人口・世帯数集計表・年齢別人口集計表：南丹市」（https://www.city.nantan.
　　kyoto.jp/www/gove/132/003/index.html，2022年1月12日最終閲覧）を参照.

農林水産省ホームページ：農林業センサス 2015年農林業センサス 確報 第1巻　都道府県
　　別統計書 26 京都府｜ファイル｜統計データを探す｜政府統計の総合窓口（https://
　　www.e-stat.go.jp，2022年5月8日最終閲覧）を参照.

美山町宮島振興会ホームページ：データで見る南丹市美山町 これまでと未来展：美山町宮
　　島振興会（http://kyotomiyama.com/miyajima/mirai.html，2022年1月12日最終閲覧）
　　を参照.

（鈴木 康久）

column 7　共感を生む農業，共感をビジネスに

　私は，2013年に農林水産省「田舎で働き隊！」（2014年以降は総務省「地域おこし協力隊」と名称を統一）として京都府京丹後市久美浜町に移住し，「地域農業の活性化」をミッションとして活動しました．当初，8名の農家に集まっていただき，課題洗い出しから事業がスタートし，話し合いの中，①農業体験をしてもらう機会の創出，②販路の創出，の2点を柱として事業を進めていくことになりました．

　①に関しては，大学院時代に専門が都市農村交流分野であったこともあり，企画を考えやすく，当NPO法人の会員向けのツアーを開催したり，他団体や少人数の個人のモニターツアーなどを重ね，より多くの人が楽しんでもらえる企画を実行しました．

　一方，②に関しては，経験がなく，どこから事業を進めていけば良いか手探り状態でした．そこで，まず各農家の生産へのこだわりを知る必要があると感じ，色々と教えてもらいながら，農作業を手伝ったりもしました．その中で感じたこだわりや美味しさをわかりやすい形で販促物とし，色々な売り先に提案に行く日々を送っておりました．また売り先と言っても様々な形態の販路があり，マルシェなどでダイレクトに消費者の意見を聞きながら販売する場から，レストラン，加工業者，スーパー，百貨店，通販などがあります．一方で，農家にも規模やこだわり，価格などによって最適な売り先が変わってくる点が非常に難しい反面，やりがいにもなっていました．

　そのような日々を送っている中，協力隊の任期の2年半があっという間に過ぎました．任期終了後はそれまでしてきた活動を継続させるため，2016年に株式会社田園紳士を設立しました．会社名については変わった名前のためよく聞かれるのですが，これは久美浜町史に記載がある文献を引用させていただいております．その内容は，明治時代にも若手農家が地域活性化に積極的に取り組んでいることが「田舎紳士論」という文献で残っており，令和の現代も若手農家が頑張っているという意味合いを込めております．現在，会社設立前の事業をベースとして，農業に関わることであれば幅広く支援できる会社を目指して活動しております．

　業務に関しては，大きな展示会に出展した時期を経て，様々な業態の販路ができる中で，年々農業に関心の高まっている企業が増えているように感じます．

　また，他産地との差別化と販路拡大を図るため，種苗会社と連携し新しい品種の産地化に取り組んでおります．特に，「ファイトリッチ」という機能性成分を豊富に含む野菜シリーズの生産に力を入れており，「京丹後ファイトリッ

チ部会」という部会を設立し，生産量を増やしております．関心のある方はタキイ種苗さんが季刊で発行している『タキイ最前線』という雑誌で2019年～21年の間，部会の連載記事が載っていますので，是非ご覧ください．

　このように仲卸業務で販路を拡大する一方で，現在，久美浜町の直売所6カ所で，各農家が生産したフルーツを材料としてスムージーなどのスイーツを提供する「フルーツトレイル」というイベントの企画・運営を行っております．毎年7月～10月末ころまで開催しており，ご好評いただいております．このイベントは，近年のお中元・お歳暮文化の衰退などにより，直売所の売上が落ちてきていること，また，店頭に並ばない規格外のフルーツもたくさんあることがわかり，これら2つの課題を解決するための手段として開催に至りました．開催当初は農家も不安に思っていましたが，ひとつひとつ課題を整理し，改善を繰り返しながら軌道に乗り，現在では次々にメニューも増えてきています．

　これとあわせて規格外の活用方法として，加工品開発・製造なども始めており，今後魅力ある商品開発を進めていきたいと考えております．このようにフードロスの観点から生産された農産物が無駄にならずに活用できるようにしています．

　このように農業に関わることであれば幅広く事業を展開しておりますが，これらの活動は私だけでできるものではなく，農家さんはもちろん，地域内の色々な方との協働でより良い活動ができています．たとえば，フルーツトレイルで言えば，全体のデザインをしているデザイナーの方やレシピを開発している料理研究家の方などの協力を得ることで現在の運営体制を構築しております．私が京丹後市に移住してから9年が経ちましたが，その間で私以外にも移住されて来られた方が多くおり，その中でも「食」や「農」に関わる方と交流を深めていくことで新たな楽しいことができる可能性がひろがっております．このようなネットワークも大事にしながら，今後も地域・時代にあった取組みを展開していきたいと思っております．

　最後に，私は，京丹後市を活気ある町にするため，仕事以外の地域活動にも参加しており，その中で移住者を含む若手の活動が活発になってきているように感じます．現在全国には，地域おこし協力隊として移住している人が5000人以上おり，各地域が様々な新しい活動を始めていることを耳にします．その中の一地域として，京丹後市もさらに活気を高めていけるように日々を送りたいと思っております．

（森下　裕之）

第8章　外部人材との協働でつくる農山村

1　農山村への関心の高まり

　1990年代中頃から，都市から農村へと人々が行き交う田園回帰の動きが注目されてきた．従来，農山村に関心を持つ層の多くは，余暇を確保できるリタイヤ層が中心であったが，ライフスタイルや価値観の多様化とともに，若年層や現役世代の割合が増加している．2014年に閣議決定された「食料・農業・農村の動向」においても，田園回帰の傾向が農村活性化につながることが期待されている．都市部から地方への移住を支援する認定NPO法人ふるさと回帰支援センターによると，2021年の移住相談件数は4万9514件と過去最多を記録し，2008年の20倍となっている．中でも，73.5％が20代から40代といった若い世代であり，2013年が54.0％であることからも，若年層や現役世代からの移住相談が増えていることがうかがえる[1]．現在における田園回帰は，都市住民による地方への移住増加のみを表現したものではなく，地方に何らかの関心を持つ人が増加しているという現象も含めた概念として理解されている．

　新型コロナウイルス感染症の拡大以降，密を避けながら余暇を過ごせる農山村が再評価され，リモートワークの普及など働き方の多様化も相まって，人々の農山村への関心がさらに高まっている．こうした中で，地方ではサティライトオフィスを開設し，リモートワークを推進する企業や社員を受入れるための環境整備が進められている．今後は場所に縛られない働き方がさらに普及し，農山村への人の流れはより強まるものと考えられる．

　農のある暮らしへのニーズも高まっている．人材情報大手のマイナビが運営する農業をやりたい人と農場をつなぐアプリ「農mers（ノウマーズ）」の登録者は，2021年8月の時点で1万8000人に達し，コロナ前の10倍に増加している[2]．近年では，その地域に移住はしていないが，特定の地域に継続的かつ多様な形で関わる人のことを関係人口と呼び，買い物や観光などのために来た人のことを指す交流人口と定住人口の間の概念として注目されている．関係人口という

概念が普及した背景には，交流のみでは地域の構造的な課題を解決することは困難であるとの認識が背景にある．近年，農山村との関わり方はますます多様になっている．かつては，行政が都市農村交流の窓口機能を担うことが多かったが，現在では多くの地域で住民主体の交流事業が展開されている．こうした中で，多くの関係人口を惹きつける地域と，そうでない地域といった二極化もみられる．

　以上をふまえ，本章では"若者を惹きつける農山村とは"という問いを念頭に置きながら論じてみたい．そして，外部人材の確保だけでなく，その先の議論である"農山村を訪れる若者をどのようにして地域に「迎え入れ，定着させるのか」あるいは「根付かせるのか」"についても考察し，外部人材との協働にもとづく農山村の未来を展望する．

2 外部人材との協働の推進

　2007年の農村振興政策推進の基本方向研究会による「中間とりまとめ」で，"都市との協働"という表現が用いられて以降，農山村振興政策において"都市と農村との協働"という表現が頻繁に用いられるようになった．この背景には，これまでの"都市と農村の共生・対流"から，さらに一歩踏み込んだ両者の関係性を構築していきたいという考えがある．同時に，農山村への関心の高まりを背景に都市住民のみならず大学やNPOなどの多様な主体と連携し協働することで，農山村振興を実現しようという狙いもある．[3]

　大学と農山村との協働（地域連携）については，2005年の中央教育審議会による「わが国の高等教育の将来像（答申）」で，大学の使命として社会貢献が求められるようになったことを契機に，政策的に推進されてきた．当初は，大学生や大学教員が地域の現場に入り，地域住民などと地域課題解決や人材育成に取り組むという属人的な活動が主であったが，近年では大学が組織的に地域課題解決に関わることが求められるようになっている．とはいえ，現場では，依然として属人的な関係性にもとづいた活動が展開されており，活動をどのように継続していくかは，大学と農山村との協働を推進するにあたり，長らく横たわっている課題である．現在，こうした取組みは転換期にある．大学を「地（知）の拠点」として地域貢献を後押しする文部科学省のCOC事業が終了したことに加え，地域連携に取りくむ当事者の世代交代の時期にさしかかっている．

こうした中で，大学側は強みを再認識しながら大学と農山村との協働がどうあるべきかを考え直す必要性が指摘されている［中塚 2022］．

　農山村に外部から人材を導入する事業の代表的なものに地域おこし協力隊事業がある．地域おこし協力隊は，2009年から総務省が導入した事業であり，都市部から農山村などの条件不利地域に移住した人を自治体が地域おこし協力隊員として委嘱し，様々な地域づくり活動への参加を通じてその地域への定住や定着を促す取組みである．協力隊の任期は最大3年で，任期中は報償など受け取りながら活動することができる．地域おこし協力隊事業が導入される前にも，NPO法人地球緑化センターが実施している緑のふるさと協力隊事業[4]（1994年～），地域づくりインターンの会が実施する地域づくりインターン事業[5]（1996年～），農林水産省による田舎で働き隊！事業[6]（2008年～）などが導入されている．地域おこし協力隊の隊員数は2009年以降，年々増加しており，2020年の時点で任期終了者は6525名，現役隊員5464名である[7]．2024年度には，8000名に増やすことが目標とされている．そして，任期終了した隊員の約6割が同じ地域に定住している．

　地域おこし協力隊事業が始まって10年以上が経過し，協力隊事業は移住促進政策として定着しつつある．地域おこし協力隊事業が導入された当初から，多くの地域が協力隊をどのように受入れるか，および地域とのミスマッチをいかに防ぐかが課題であった．これについては，様々な議論がされてきたが，一部の地域では今でもこうした課題を解決できずにいる．その一方で，地域おこし協力隊事業を導入したことで，移住者が増加したり地域で様々なビジネスが展開されたりと，大いに成果をあげている地域も存在する．地域おこし協力隊事業をどのように運用するかは現場に任されている．そのため，地域おこし協力隊をいかに地域の活性化に繋げるかは試行錯誤の連続であり，課題が出るたびにマネジメント体制を変化させていく必要がある．そうしたプロセスを経て，地域ごとの運用に独自性が出てくる［髙田，2020］．近年では外部人材が集まる地域と外部人材の確保に苦心する地域との二極化が進展しつつある．外部人材を惹きつけるためには，現場での試行錯誤を経て制度設計の完成度を高めることが重要である．

　このほかにも，2014年からは，都市圏に所在する民間企業の社員を自治体が受入れ，観光分野やICT，商品開発など幅広い業務への従事を通じて地域の価値向上をめざす地域活性化起業人事業がある[8]．任期は最大3年で，活動派遣

元企業に対する負担金や人材の受入れに要する経費などが補助される．2014年
の開始以降，受入れ人数は年々増加しており，2020年の時点で148名が活動し
ている．2019年の受入れ人数が95名であることをふまえると，この 1 年で大き
く増加している．特に近年では，社会貢献に力を入れる民間企業が増加してお
り，社会貢献を進める専門部署を設置するなどの動きもみられる．こうした中
で，農山村に目をむける民間企業が増加しており，この傾向は今後もさらに強
まると考えられる．

　このように，外部人材をはじめ多様な主体による農山村への関わりの促進が
政策的に推進されてきた．2020年から第 2 期にはいった内閣府「まち・ひと・
しごと創生総合戦略」においても柱のひとつとして関係人口が位置付けられて
いる．ここには，地域にルーツのある人材も含めた多様な人材による地域との
関わりが想定されている．各地域は，こうした外部の力をどのように活用して，
地域の維持および地域の価値を高めていくかかが問われている．

③　多様な外部人材と農山村との関わり

　図 8 - 1 は外部人材の農山村への多様な関わり方を示している．ここでは，
農山村との関わりから外部人材を，① 観光など何らかのきっかけでその地域
を訪問する観光者，② 体験農園や農泊，農業ボランティアなどで農作業や農
山村生活を体験する体験者，③ 特定の地域に継続的に通うリピーター，④ 地
域で新たな価値を生みだすクリエイター，⑤ 農山村や都市部など複数の拠点

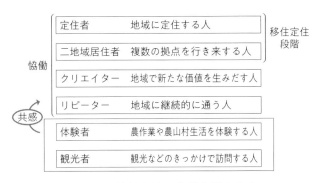

図 8 - 1　外部人材の多様な関わり方

出所）　筆者作成．

を持つ二地域居住者，⑥ 地域に定住する定住者，の6つに分類している．中でも，リピーターは棚田オーナーや農業ボランティアをはじめ地域のイベントに継続的に関わる人であり，主に景観整備や草刈りなど生活維持活動への貢献が期待できる．また，クリエイターは地域における新たなイベントやビジネスを展開する人であり，地域での価値創出が期待できる．二地域居住者と定住者は，住民として自治活動や生活維持活動への参加が期待できることに加え，外部人材と地域との間に立つコーディネーターや地域でビジネスを展開するクリエイターとしての役割も期待される．各地域は多様な外部人材を想定した"関わりしろ"をどうつくるかが重要である．観光や体験コンテンツは，これまで農山村との関わりがあまりなかった人にとって参加の敷居が低い．ここでいかに交流し地域に興味関心を持ってもらうかが，協働する外部人材を獲得するうえで重要になってくる．ここでの交流とは，地域住民と観光者および体験者が何らかのコミュニケーションをとり，互いに理解を深めることである．そこで，観光者や体験者が地域やその人の背景などを知り，共感することが協働する外部人材になる第一歩である．

　都市農村交流や関係人口の議論の多くは，交流人口から関係人口，そして定住人口という流れで整理されることが多い．これは地域との関わりの先に移住が期待されているからであり，地域との関わりのプロセスを経ることでスムーズに移住へ導けるのではないかという期待が込められている．しかし，現在は価値観の多様化とともに人口の流動性がますます高まっている．こうした，人口の流動性が高まっていることをふまえると，定住が最終段階ではない．むしろ，いったん定住したが，その後他出し関係人口として地域に関わるようになる人も出てくるであろう．また，図8-1では示していないが，地域との関わりのプロセスにおいて，地域と関わらなくなる人も少なくないと考えられる．したがって，外からの人の流れを常に維持しながら，その一部をいかに地域に取り込んでいくかという視点が求められる．

　こうした議論のなかで，見落とされがちなものとして，他出子をはじめ地域にルーツを持つ人の存在が指摘されている［平井，2020］．ほかの地域へ移住した人の一部は，近隣地域に居住し，頻繁に地域に通い近親者の世話や農地・空き家・墓地の管理を行なっている．現在，政府が定義する関係人口においても「地域内にルーツがある者（近居）」「地域内にルーツがある者（遠居）」が示されており，地域との関わりや想いが強い存在として位置付けられている．こうし

た地域にルーツを持つ人は，家や集落の担い手になりうる可能性が高いとされている［徳野，2008：作野，2019］．しかし，関連施策をみると，地域内にルーツを持つ人をターゲットに地域との関わりを促す取組みはあまりなされていない．他出子をはじめ地域にルーツのある人の地域との関わりは，“あたりまえに存在するもの”として光があてられてこなかったが，農山村地域から車で 1 ～ 2 時間ほどの範囲でみると多くの他出子が居住していることが多い．今後は地域にルーツを持つ人をターゲットにした“関わりしろ”をいかに創出するかも重要である．

 4　外部人材を惹きつける農山村とは

　ここでは外部から若者が集まっている兵庫県丹波篠山市西紀南地区と島根県邑南町の事例を紹介しながら，外部人材を惹きつける農山村について考えてみたい．

（1）学生ボランティアが集まる地域——兵庫県丹波篠山市西紀南地区——

　兵庫県篠山市は，兵庫県中東部に位置し，神戸や大阪といった都市部から 1 時間圏域にある．特産品では，黒豆および黒枝豆，山の芋，丹波栗などが有名である．西紀南まちづくり協議会のある西紀南地区は市西部に位置し，世帯数は822世帯，人口は1844人である．川北黒大豆の生産地として知られ，収穫時期には多くの人が黒枝豆を求めて訪れる．

　西紀南地区では毎週末，神戸大学の農業ボランティアサークル「にしき恋」の学生が訪れ，農家のもとで農作業を手伝っている．「にしき恋」は神戸大学農学部開講の授業「実践農学入門」を履修した受講生の一部が2013年に設立したサークルである．「実践農学入門」は，丹波篠山市内の農家に学生が弟子入りし農家との共同作業を通して農業農村の実態を理解することを目的に実施されている．現在，「にしき恋」には150人以上の学生や OB・OG が所属し，毎年延べ約1000人の学生が地域を訪れている．主な活動は，農業ボランティアのほか，地域から借りた農地での黒大豆栽培，無人駅活性化など地域活性化を目的としたプロジェクト活動がある．ボランティアの受入れ農家は，活動開始当初は 4 軒だったが現在は30軒まで増え，サークル OB の中には，地域で就農した人や地域おこし協力隊を経て定住した人もいる．

西紀南地区の取組みで重要な役割を果たしているのがまちづくり協議会事務局をつとめるＫ氏であり，ボランティア受入れ農家の取りまとめを行うなど地域とサークルのコーディネートをしている．また，前述したサークルが黒大豆を栽培している農地はＫ氏が提供しているほか，学生が活動する環境整備においても，まちづくり協議会事務局として地域住民との調整業務を担っている．その結果，まちづくり協議会の施設「みなみ・ほっと・サロン」は，学生が自由に過ごせる場となっており，学生が夕食を作ったり宿泊したりしている．Ｋ氏によると，学生には地域の課題解決など過度な期待をせず，学生が気楽に地域に訪れることができるような関係性を構築することが長続きの秘訣である．このほか，学生にとっては，受入れ農家が準備する昼食も魅力であり，受入れ農家の中には，昼食を出す際に学生の喜ぶ顔をみるのが楽しみとの声もある．頻繁に地域を訪れている学生に話を聞くと，ボランティアを通して農家と交流する中で，インターネットだけでは知り得なかった農家のリアルな現状を見聞きできるところに価値を感じているようである．ボランティアを通して，農家自身の口から苦労やこだわりを直接聞きそれを体験することで，農家を慕い共感するようになり，主体的かつ継続的な関わりにつながっているのではないかと考える．学生の関わり方も多様であり，頻繁に訪れる学生もいれば，収穫時期だけ訪れる学生もおり，それぞれの都合に応じた関わり方で活動に参加できるところも特徴である．

（2）シェフをめざす若者が集まる地域——島根県邑南町——

　島根県邑南町は島根県中部に位置する中山間地域であり，2004年に羽須美町，瑞穂町，石見町が合併し誕生した．面積は419.2 km²で，そのうち9割近くが山林である．人口は1万152人で，高齢化率は45％である[12]．こうした山あいの高齢化が深刻な地域に，シェフをめざす移住者が集まり，移住者による飲食店が相次いでオープンしている．

　邑南町では30年近く人材育成に取り組んできた経緯があるが，2011年に食を軸にした人材育成制度「耕すシェフ制度」を開始した．「耕すシェフ制度」は，地域おこし協力隊事業を活用したものであり，食に興味のある人材を域外から呼び込んでシェフとして育成し，町内での起業を支援するものである．2019年までに計50人を受入れ，9人が町内で飲食店を経営している．"耕すシェフ"は，町営の「食の学校」で調理スキルを体系的に学ぶほか，町内のレストラン

で実践経験をつみながら，任期満了の3年以内に独立をめざす．

　「耕すシェフ制度」で注目すべきなのは起業件数ではなく，毎年一定数の若者が域外から集まっているということである．人材育成の仕組み構築において，中心的な役割を果たしてきたのが町の担当職員であるT氏である．T氏の取組みは，次の4つにまとめることができる．1つ目は，地域価値の掘り起こしである．地域特産品を販売するネットショップの開設にともない出品者を探しながら地域の特産品を掘り起こした．2つ目は，地域特産品のブランディングであり，掘り起こした特産品をコンテストに出品したりしながら，ブランディングを行なった．3つ目は，地域住民の意識醸成である．国の補助金を活用し5年かけて年間50回の食に関するセミナーを地域住民向けに開講し，食に関する知識の習得や興味・関心の醸成をはかった．4つ目は，食を軸に地域振興をはかるというビジョンを町の地域づくりの中核に位置付けたことであり，食を軸に地域振興をはかる人材を戦略的に集めて育成した．これらのプロセスにおいて，コンテストや食に関するセミナーは，著名なシェフや料理研究家とネットワークを構築することにもつながり，邑南町におけるレストランの立ち上げや，耕すシェフの育成において重要な役割を果たしている．こうした「耕すシェフ制度」は，邑南町の豊かな自然の中で暮らせることやお金をもらいながら学べることはもちろんのこと，豊かな特産品や著名シェフ・料理研究家とのネットワークの存在も強みであり，シェフを目指す若者を惹きつけている．

（3）外部人材を惹きつける農山村とは

　ここでは，若者が集まる地域の事例として西紀南地区と邑南町の2事例を紹介したが，この事例から外部人材，とりわけ若者を惹きつける農山村について考えてみたい．

　まず，共通していることとして，ターゲットとする人材のニーズをしっかりと理解し，受入れていることがあげられる．西紀南地区を訪れる学生は，必ずしも農業や地域貢献に興味がある学生ばかりとは限らない，友達がいるから参加する学生もいるであろうし，農家が出してくれる昼食を楽しみにしている学生もいるであろう．こうした意味で，学生に"過度な期待をしない"という地域側の"割り切り"が重要であり，このスタンスを理解する農家から受入れ先をじっくり広げていくことで，受入れ体制を構築してきた．同様に，シェフを目指して邑南町にやってくる若者がイメージするライフスタイルも多様である．

飲食店で稼ぎたいと考えている人もいれば，子育ての合間にスモールビジネスを始めたいと考えている人もいる．また，宿泊業などほかの事業と飲食店を組み合わせて生計を成り立たせたいと考える人もいるし，町内でシェフとして勤務したいと考える人もいる．こうした多様なニーズに可能な限り対応し，食を軸にした新しいライフスタイルを，地域内の関係主体が連携しながら共に創ろうしているところに魅力があるのかもしれない．

　次に，こうした多様なニーズに応じた場が提供されていることに注目したい．西紀南地区では，学生が自由に過ごせる場として「みなみ・ほっと・サロン」があり，農業を実践したい学生には農地が提供されている．その結果，「みなみ・ほっと・サロン」は学生にとって気軽に溜まれる場となり，そこへ行けば誰か仲間がいるであろうという感覚が学生を惹きつけている．また，全国的なブランド産品である丹波黒大豆を農地で栽培できることは，学生にとってここでしか得られない特別な経験となっている．一方，邑南町では，"耕すシェフ"が調理スキルを体系的に学ぶ場として「食の学校」がある．ここは，地域住民へのセミナーも開催されているため，"耕すシェフ"と地域住民が交流する場となっている．"耕すシェフ"は，住民との交流を通じて食材や空き物件等の情報を得ていく．また，"耕すシェフ"には起業以外にも様々な活動の場が準備されており，町内のレストランや高校の学生寮，工場の食堂などでシェフとして仕事をすることもできる．

　以上をふまえると，外部人材を惹きつける地域とは，外部人材のニーズを的確に把握し，地域で実現できることの可視化がうまくできている地域といえる．それが，移住希望者にとって，自分の未来をイメージすることにもつながる．

　さらに，2事例で重要な役割を果たしていたのは，コーディネートをする人材である．西紀南地区ではK氏がそれにあたり，邑南町ではT氏のほかに「食の学校」の事務局を担うY氏がそれにあたる．Y氏は"耕すシェフ"の身近な存在として日頃の活動のサポートを行っており，T氏は"耕すシェフ"個人へのサポートと同時に"耕すシェフ制度"の仕組み全体のデザインを担っている．コーディネーターの役割とは，外部人材のニーズに応じた活躍の場を提供することである．コーディネーターの重要性は様々な場面で指摘されてきており，このような人材をどのように育成（確保）するのかが課題である．

5 外部人材との協働による農山村の未来

　これまで，外部の力を活用した農山村の活性化が推進されていること，農山村に関わる外部人材は多様でそれに応じた多様な "関わりしろ" を提供すること，そして外部人材と協働する関係性をどう構築するかを考えることが大切であることを述べた．そして，実際に若者を惹きつけている地域の取組みから，外部人材のニーズをふまえた活躍の場づくりと外部人材の受入れをデザインするコーディネーターの役割が重要であることを指摘した．こうした中で，共感とは外部人材と地域住民との協働の源泉であり，共感がより主体的かつ継続的な関わりを促進するといえる．

　ここからは，"農山村を訪れる若者をどのようにして地域に根付かせるか" について考えてみたい．関係人口の議論では，いかにして関係人口を集めるかという点が注目されがちである．確かに，域外からたくさんの人が訪れている様子は，活気があって魅力的に映る．しかし，それだけでは地域の未来は描けない．"何のために関係人口（外部人材）を集めるのか" という目的を明確にすること，そして長期的なビジョンの中で外部人材をどう位置付けるかが大切である．今，外部人材を惹きつけている地域が今後もそうであるという確証はない．加えて，現在中心的な役割を果たす人材の世代交代の時期が必ず訪れる．外部人材との協働に長年取り組む地域ではその地域に定住する人もいる．地域おこし協力隊を受入れている地域では，8割以上の定住率を誇る地域もある．こうした人達の中には，定住するだけでなく主体的に地域づくりに関わり，地域で新たな価値を創造している人もいる．つまり，関係人口から地域に定着してクリエイターとして活躍する人材をどのようにして見つけ出すか，あるいは育成するかが問われている．

　外部人材のみならず，大学，NPO，企業など多様な主体とのネットワークの構築も重要である．こうした主体は地域にない資源をもたらすうえに，有望な人材と組み合わせることで新たな価値の創造が期待できる．これらは，外部人材にとっては，協働の先の姿をイメージすることでもあり，外部人材にとってその地域で活動することの価値にもつながる．さらに，地域に関わっていると，多くの地域で魅了的なアイデアや発想が生まれているものの，結局は誰がやるのかという課題に直面することになることも少なくない．こうした中で，

外部人材のニーズと結びつけながらこれらのアイデアを実現していくことも1つの方法かもしれない。むろん，外部人材に担ってもらうためには，アイデアをさらに磨くことも必要になってくる。こうしたプロセスそのものが，地域住民の成長にもつながると考えられる。

　現在，多くの農山村が外部人材との協働に取り組んでいる。外部人材を確保することは重要であるが，外部人材任せになったり，ほかの地域と外部人材を取り合ったりする状況で良い未来は描けない。重要なのは，外部人材との協働を通じて，地域住民と外部人材が共に成長し，地域の自治力が底上げされることである。こうした中で，地域に必要な資源を明確にし，それをふまえて戦略的に外部人材を確保したり，大学や企業などとの連携を模索したりすることが重要である。さらに，現在，何らかの取組みを行なっている地域は，外部人材との協働でどのような未来が描けるのか，地域の長期的ビジョンの中で現在の取組みをどう位置付けることができるのかを，定期的に考える機会を持つことも重要ではないかと考える。

注
1）認定NPO法人 ふるさと回帰支援センター「2021年移住機能者の動向プレスリリース」(https://www.furusatokaiki.net/topics/ranking_2021/, 2022年2月28日最終閲覧)を参照.
2）「コロナで芽吹く農ブーム，貸農園から植物版インスタまで」『日本経済新聞』(2021年10月18日）を参照.
3）都市と農村の協働の推進に関する研究会［2008］「都市と農村の協働の推進に向けてとりまとめ（案）」(https://www.maff.go.jp/j/study/tosi_kyodo/03/pdf/data5-1.pdf, 2022年2月20日最終閲覧).
4）緑のふるさと協力隊事業は，農山村に関心を持つ若者を1年間自治体に派遣する事業である。隊員には生活費として1名あたり月5万円が支給される。隊員は地域に暮らしながら，様々な地域づくり活動を展開する.
5）地域づくりインターン事業は，首都圏に住む学生が農山村に1週間から1カ月滞在し，地域住民とともに地域活動に従事する事業である。プログラム終了後の学生と地域との継続的な関わりの構築が狙いである。1996年から1997年に国土交通省の事業として実施され，2000年からは，インターン経験者や受入れ地域などで組織された地域づくりインターンの会が事務局となっている.
6）田舎で働きたい！事業は，農林水産省が実施する事業であり，農山村地域への都市住民の導入を支援する事業である。2016年からは農山漁村振興交付金（人材活用対策）として実施され，都市住民の導入を行う地域組織に対して助成が行われている。2015年以降は，地域おこし協力隊（旧田舎で働き隊）と名称が変更され，地域おこし協力隊と一

体的に運用されている.

7） 総務省「地域おこし協力隊の概要」（https://www.soumu.go.jp/main_content/00074
5995.pdf, 2022年2月20日最終閲覧）を参照.

8） 2020年度までは地域おこし企業人という名称であった.

9） 総務省関係人口ポータルサイト「関係人口とは」（https://www.soumu.go.jp/kankei
jinkou/about/index.html, 2022年3月8日最終閲覧）を参照.

10） まちづくり協議会は地域運営組織である. 2015年に閣議決定された「まち・ひと・し
ごと創生基本方針2015」によると, 地域運営組織とは持続可能な地域づくりのため,「地
域デザイン」にもとづき住民が主体となり, 役割分担を明確にしながら生活サービスや
域外からの収入確保などの地域課題の解決に向けた事業など, 多機能型の取組みを持続
的に行うための組織とされている.

11） 丹波篠山市「丹波篠山市統計書（2020年度版）」（https://www.city.tambasasayama.
lg.jp/gyoseijoho/tokei/16069.html, 2022年3月18日最終閲覧）を参照.

12） 邑南町 HP「島根県邑南町の人口」（https://www.town.ohnan.lg.jp/www/contents/
1001000000002/index.html, 2022年3月18日最終閲覧）.

引用文献

作野広和［2019］「人口減少社会における関係人口の意義と可能性」『経済地理学年報』65
（1）.

髙田晋史［2020］「地域おこし協力隊の運用と人材の定着」『農業と経済』86（5）.

徳野貞雄［2008］「夢にただよう都市農村交流──都市農村交流から『T型集落点検』へ
──」『調査研究情報誌 ECPR』24.

中塚雅也［2022］「次のステージに進む大学と地域の連携──農山村での事例を中心に──」
『月刊 自治研』64（748）.

平井太郎［2020］「関係人口を介した意識と実践の転換──移住創業と地域経済循環に注目
して──」『日本政策金融公庫論集』49.

（髙田 晋史）

column 8 「担い手」を受入れる，育てる，支援する

　農業農村の「担い手」には，農業の担い手，地域の担い手，人材育成の担い手の3つの側面があり，この3つを備えた「担い手」は，各方面の信頼を得た望まれる担い手です．

　筆者は府職員時代の20数年前，農地中間管理事業推進のため2017年に国で事業化された農家負担ゼロのほ場整備の先駆けともいえる，府独自施策「担い手づくり事業」の創設と推進に携わった経験があります．

　1999年，三﨑要さんご夫妻がこの制度を活用され，現在の福知山市三和町に移住・新規就農されました．

　ご夫妻は借り受けた農地1.8haで営農を開始され，その後も，国や京都府，京都府農業会議等の様々な制度を活用され，現在は，京みず菜，ホウレンソウ等を栽培するハウス24棟，紫ずきんや大豆等の露地栽培も行い，2018年には，八百丹を設立されてご夫妻と正社員4名で意欲的に営農に取組み，地域の様々な活動に参加されています．

　この間，地域と農業の担い手づくりのために研修生を受入れ，5名が三和町内で就農され，地域の農業農村を守っています．こうした実績が地域や自治体などの信頼を得て，今や京都府の指導農業士となり活躍されています．最近お話をうかがう機会があり，多くのご苦労や脳梗塞での長期入院等を乗り越えることができたのは，奥様（暢子さん）のおかげであり，奥様への感謝の言葉を強調されていました．

　三﨑さんご夫妻は，まさに「農業・地域・人材育成」の3つを兼ね備えた「担い手」であり，こうした「担い手」がおられる地域が増えていくことが大いに期待されます．

　ご夫妻の20年を超える歩みの中でどのようなご苦労があり，国や京都府，京都府農業会議等の制度をどう活用されてこられたかを探ると，「担い手づくり」で大切にしたい幾つかのポイントが浮かび上がってきますが，特に次の3点は重要と考えます．

　　① 新規就農・移住者と地域住民の間のつなぎ役の存在

　　　　新規就農者・移住者は，初めての地域での日常の生活やルールになじみにくい場合があります．その際，三﨑さんご夫妻のような先輩就農者・移住者が地域住民とのつなぎ役，言わば「通訳」がおられると，定着につながるケースが多いと考えます．

　　② 農業経営の発展段階に応じた営農技術や機械設備にかかる的確な支

援・事業導入

　新規就農者の最初の数年間は，思ったとおりの生産ができず，収入も安定しません．このため今日，期間限定の新規就農支援資金制度等が用意されており，次第に生産や経営がうまくいくと，段階に応じた事業・制度による支援が必要になってきます．

　京都府では，年間販売額が1千万円まで，2千万円まで，1億円までなど，めざす経営規模に応じた支援事業があり，ご夫妻もこれを活用され，ハウス施設や集出荷場等を整備されました．

③法人化経営のノウハウを学ぶセミナーと経営者間交流，人材確保支援

　三﨑さんご夫妻は，今や住んでおられる三和町梅原地域の最大規模の農業者となられ，従業員やパートを雇用し，八百丹を経営されておられます．

　法人化にあたっては，京都府が2013年に開講した，売上げ1億円をめざす農業版ビジネススクール「京都府若手農業経営者アカデミー」での学びや若手経営者との交流が大変役立ったと言われています．

　また，京都府農業会議が人材確保のために実施している「農の雇用事業」や「新規就農相談会」等も活用しているとのことです．

　三﨑さんご夫妻が新規就農された20年前までの京都府の新規就農者数は，年間40名程度でしたが，各種施策が功を奏して，昨今は4倍増の160名程度となっています．

　京都府では，こうした「担い手づくり」のために，2001年に専門の係「担い手育成係」を創設し，現在は「経営支援・担い手育成課」に昇格させ，一体的・総合的に施策を推進しています．

　また，京都府農業会議では，2018年，全国で初めて農業委員会ネットワーク機構（旧農業会議）と農地中間管理機構（京都府農業総合支援センター）が合併し，農村創生部，担い手創生部で構成する新たな農業会議としてスタートさせ，「人と農地のワンストップ相談窓口」をスローガンに，新規就農・移住相談，経営・農業ビジネス支援，農地の貸し借りや人の雇用支援，法人化相談等の業務を一体的に進めています．

　京都府農業会議としては，京都に移住・新規就農して夢を実現したい方の伴走支援のため，引き続き関係組織と連携してしっかりと取組みを進めたいと考えております．

（小田　一彦）

第 9 章

農 泊
──おこりとこれから──

は じ め に

「農泊」は，2016年に農林水産省が使い始めて以降「都市農村交流」や「グリーンツーリズム」と同等もしくはそれ以上に頻出する用語となった．しかし元々この言葉は，大分・安心院町グリーンツーリズム研究会長の宮田静一氏が「農村民泊」の略称として2003年に商標登録（登録番号4721507号）したもの［宮田 2010］であり，2019年には「未来ある村　日本農泊連合」という農泊推進団体まで設立している．類似する「農家民宿」との差異，農村振興とは別物である「都市民泊」との混同，全国展開された「教育民泊」の問題，旅館業法や通称「民泊新法」との関係……といった様々な要素が絡み合っている農泊について，その経緯と展望を本章では論じる．

1　安心院の農泊と教育民泊

　安心院町は，2005年に旧宇佐市・院内町と対等合併して新「宇佐市」となっているが，上記研究会は2022年現在も「農泊発祥の地」として旧町名を冠し続けている．同組織は1992年に「アグリツーリズム研究会」として発足した後，1996年に現研究会名で改組し，2004年に特定非営利活動法人として大分県から認証されている．通称「農山漁村余暇法」が公布された1994年より前から活動していただけに，1997年の旧町議会「グリーンツーリズム推進宣言」議決，2001年の旧町役場「グリーンツーリズム推進係」全国で初の設置など，町全体としての取組む体制が早くから構築されていた．

　2002年には県も，旅館業法（簡易宿所営業）許可取得の緩和および「共同調理」は食品衛生法（飲食店営業）の範疇外との解釈で「農泊のコンプライアンス化」を後押しした．前者については「客室延床面積33平米以上」という要件を「廊下等の面積も若干は算入可」と柔軟に運用して許可することで緩め，後者

は許可それ自体を問わないという緩和であった．そして2003年「農家による宿泊施設の提供」という役務区分での農泊商標登録に至ったのである．

　欧州視察等で得た知見（ゆったり・のんびり農家に宿泊する大人の長期バカンス）を日本国内にも導入すべく取組みを始めた安心院だったが，2000年以降は中高生の修学旅行等も増加した．農泊1軒あたり数人ずつ分かれて宿泊し，受入家庭の人と「一緒に食事を作り一緒に食べる」スタイルで，日中の農作業体験だけでなく夜の団欒に代表されるような「農家生活の体感タイム」が学校側から歓迎されている．後述する「家主不在型の都市民泊」とは全く異なり，都会の子と田舎の大人が農泊で「心の交流」を行う文字通りの「都市農村交流」活動が展開されてきた．

　上記のような農泊スタイル（少人数分宿型教育旅行）は，安心院のほかにも複数の農山漁村で2000年前後から受入が開始（北海道長沼町2005年・長野県飯田市等1998年・沖縄県伊江村2003年……）され，2008年からは総務・文部科学・農林水産3省も「子ども農山漁村交流プロジェクト」で学校側・受入側の両面から全国的に推進し始めた［加藤ら 2015；鈴村・中尾 2017］．2019年には少人数分宿型教育旅行の受入組織等が連携を進める「全国教育民泊協会」も設立されている．

② インバウンド観光と農泊推進事業

　国内における都市農村交流の一環として発展した農泊は，「観光立国推進」の大号令で推進されてきた訪日外国人（インバウンド）客の急増に伴って2016年から国の施策としても脚光を浴び始めた．同年，内閣総理大臣を議長とする「明日の日本を支える観光ビジョン構想会議」が「明日の日本を支える観光ビジョン」を策定し，インバウンド客2020年4000万人・2030年6000万人の目標を掲げたのだが，農山漁村におけるインバウンド推進を求められた農林水産省は「滞在型農山漁村の確立・形成」を上記ビジョンに盛り込み，日本ならではの伝統的な生活体験および地域住民との交流を楽しむ「農泊」を2020年までに全国50地域（翌2017年の「観光立国推進基本計画」閣議決定で500地域に上方修正）で推進することになったのである．

　2017年からは農山漁村振興交付金「農泊推進対策」として事業名にも農泊を用いるようになり，2018年には同省農村振興局の都市農村交流課に「農泊推進室」を設置するまでに至った．さらに同年，宮田氏が商標登録した役務区分

「農家による宿泊施設の提供」については同氏の承認を得て同省に専用使用権を設定し、2020年には「（農家による）宿泊施設の提供以外の全ての商品・役務」について同省が商標登録（登録番号6215988号）をあらためて行った。同省は"農山漁村地域に宿泊して滞在中に豊かな地域資源を活用した食事や体験等を楽しむ「農山漁村滞在型旅行」のこと"を農泊と定義し、2022年度末までに全国621ヵ所を「農泊実践地域」として事業採択している。

　その結果、小規模農家宿泊施設に限定しないたとえば廃校活用施設等「中規模以上の集団宿泊型宿泊所」までも同省は農泊に含めている。所謂「空き家」活用の一環として古民家リノベーション等で「家主不在型民泊」的な施設の整備にまで補助を行っているが、規模感や人的介在の有無といった側面からは「安心院型農泊」とは相当異なる「農水省版農泊」とも呼べる施設が全国各地の農泊地域に出現している。

　つまり、国が推進していたのは既述した全体目標「インバウンド客2020年4000万人・2030年6000万人」に向け、同時に示されている「地方部（三大都市圏以外）での延べ宿泊2020年7000万人泊・2030年1億3000万人泊」を実現するための農泊なのである。インバウンド客の実績値として2018年3119万人・2019年3188万人と2020年の目標値に近付きつつあったが結局COVID-19禍で実現し得なかった状況、また「インバウンド消滅」¹⁾前まで指摘され続けていた観光公害（オーバーツーリズム）²⁾問題をふまえ、安心院型・農水省版それぞれの農泊について現状と課題を検証し、将来あるべき姿を展望する必要があろう。

 3　農泊の法的な位置付け

　前節まで農泊という用語を農林水産省が公式に使い始めるまでの経緯を概説したが、当節では関連する法律について整理する。

　所謂「一泊二食」の料金を支払って泊まる一般的な宿の場合は、旅館業法と食品衛生法の営業許可を取得している。しかし既述した通り2002年に大分県が安心院型農泊に独自緩和を行ったことが先例となって、2003年に両法の緩和が全国適用された。

　その際に適用対象として、農山漁村余暇法（農山漁村滞在型余暇活動のための基盤整備の促進に関する法律）2条5項の「農林漁業体験民宿」が引用された。同項は"この法律において農林漁業体験民宿業とは施設を設けて人を宿泊させ農林

水産省令で定める農山漁村滞在型余暇活動に必要な役務を提供する営業をいう"と定義していて，日本の法律で唯一「民宿」という言葉が使われている同法は「旅館業法等の規制緩和」に重要な役割を果たすことになったのである．

　なお，同法施行規則（1995農林水産省令23号・最終改正2007同省令44号）2条は農山漁村滞在型余暇活動に必要な役務を「農作業，森林施業・林産物生産採取，漁ろう・水産動植物養殖の体験指導」「農林水産物の加工または調理の体験指導」「地域の農林漁業または農山漁村の生活・文化に関する知識の付与」「農用地・森林・漁場そのほかの農林漁業資源の案内」「農林漁業体験施設等を利用させる役務」「前各号に掲げる役務の提供のあっせん」と定めている．「農林漁業の体験」に限定されず「農山漁村の体感」まで含まれる幅広い内容が示されている．これらを提供できる客室延床面積33平米（≒10坪≒20畳）未満の「小規模宿」が規制緩和適用された安心院型農泊の法的位置付けである．

　ちなみに同法が施行された1995年から登録が始まった「農林漁業者が営む農山漁村を体感できる宿」は，3年の登録更新を迎えた1998年862軒をピークに2004年415軒まで減少し続けたため「非農林漁業者」でも登録できるよう2005年に同法が改正された．その結果2009年547軒まで回復したが，その後2021年327軒まで減少している［農林水産省 2022］．同法では登録農林漁業体験民宿の情報を広く発信する等によって農山漁村活性化を図ったが，インターネットの普及前に制度設計された情報発信の仕組は，残念ながら有効に機能しているとは言い難い状況である．そもそも「小規模農泊」は安心院町グリーンツーリズム研究会のような「教育民泊受入組織」を経由して依頼された子ども等限定で希望している場合もある．規制緩和を適用しない「中規模農泊」や農水省の農泊事業で整備された「大規模農泊」に比べると受入可能な定員が少ないため，登録してまで宣伝する必要性が弱い宿もある．

　農山漁村余暇法の定義民宿に適用された旅館業法の緩和で簡易宿所営業の許可を取得する農泊に加え，「年間180日以内の営業」という制限はあるものの「届出」で済む民泊新法（住宅宿泊事業法）が2018年から施行され，この法律に基づいて農泊を行うことも可能になっている．同法は元々2020年に予定されていた「東京オリンピック・パラリンピック」開催に伴って激増するであろうはずだったインバウンド客の対応を想定した「都市民泊」用の色彩が濃く，既述した「家主同居型」農泊とは違う「家主不在型」都市民泊での利殖を目論む投機物件に適用される場合も多かった．

もちろん同法の届出で開業している小規模農泊も存在するし，交流を重視しながら年間180日以内での宿泊受入と農業等を組み合わせて「半農半Ｘ的」生活を実践している人達もいる．そういった実例をふまえると，希望する農的生活の姿に応じて旅館業法か民泊新法いずれかを選択できる時代になったと言える．

　また，厚生労働省は2015年度末に"地方公共団体が設置する地域協議会等が実施主体となって体験学習を伴う教育旅行等は旅館業法の適用外となる"旨を都道府県等「衛生主管部局」へ「地方分権改革に関する地方からの提案」対応として通知した．これ以前の2011年にも同様の通知を行って［中尾 2015］いて，2015年までに計23道府県が「教育民泊ガイドライン」等の策定に至っていたが，

表 9-1　農山漁村民泊に関するガイドライン策定状況

年度	各年度の民泊ガイドライン策定県（下線は教育旅行限定）	県数
2003	鳥取・宮城・新潟	3
2004	秋田・島根・岩手	6
2005	高知	7
2006	山形・長野（長野市＝中核市）	9
2007	徳島	10
2008	山口・鹿児島・山梨	13
2009		
2010		
2011	広島・和歌山・愛媛・宮崎・北海道	18
2012	埼玉	19
2013	滋賀（準則＝様式を示し各市町で策定）	20
2014	京都（南丹振興局管内に当面適用）・茨城	22
2015	神奈川（横須賀市＝中核市）・厚労省	23
2016	京都（和束町）・京都（中丹振興局管内にも適用）	
2017	富山	24
2018		
2019		

出所）　筆者作成.

47都道府県の約半数に達した状況をふまえ，その解釈を同省としてもあらためて通知し直したことになる．つまり，**表 9 - 1**の通り各県が策定してきた民泊ガイドラインを国が教育民泊については全国適用したとも解釈できる．ただ，国が示した当該通知後も教育民泊ガイドライン未策定都府県で2021年末現在まだ周知されていない状況[3]も見受けられ，農泊推進に支障をきたしているとの声もある．したがって，適切に運用されるまで行政担当者への適切な解説と情報伝達が求められている．

　既述した子ども農山漁村交流プロジェクトが開始された2008年前後も「全国２万3000校の小５生120万人に田舎での民泊を！」と大号令が国・都道府県・市町村の順に発せられ，多くの関係者が混乱していた．まだ教育民泊ガイドライン等の策定も当時10県と少なく，2003年からの旅館業法全国緩和も適用例が出ていない都府県があり，断片的に飛び交う様々な情報が整理されず諸説が入り乱れている状態であった［中尾 2008］．

　その後2018年に民泊新法が施行され，旅館業法民泊・新法民泊・ガイドライン民泊の３種類が2023年現在における農泊関係者の主な選択肢となっている．（なお，ほかに国家戦略特別区域法に基づく「特区民泊」等も存在するが，農泊が行われる地域とは異なる都市民泊的要素が強いので触れない）．

 4　農泊での交流型ツーリズム

　農泊の原点である「小農的民泊[4]」は，農山漁村の家庭で「ホストとゲスト」が飲食しながら語り合う「交流型ツーリズム」である．近年は「農泊系ゲストハウス」を目にする機会も増えてきた［松原 2020］が，その場合「ゲスト同士の交流」も含まれてくる［前田 2020］し，ホスト以外の地域住民も一緒に飲食する機会を売りにする宿も出てきている．

　UNWTO（国連世界観光機関）の統計によれば，旅の目的として最も多い「レジャー等」56％及び第３位「ビジネス等」13％は日本でも一般的に理解されているジャンルだが，第２位「VFR 等」27％は非常に認知度が低い概念である．VFR とは「Visiting Friends and Relatives」つまり「友人や親戚を訪問すること」の頭字語で，VFR 等の「等」には「健康・宗教」が含まれる［UNWTO 2019］．日本でも古くから行われている「盆暮れ正月の帰省・初詣・湯治」が該当するとも解釈できるが，旅先で出会った人が「知人や友人」になり，出

会った後も「その人に会いに行く」ことが旅の目的となる「田舎ツーリズム」は正に VFR である［中尾 2021］.

　いずれにせよ，物見遊山が主目的の「観光型ツーリズム」と異なり，民泊の原点である「民」の存在が重要であろう．インバウンド客の増加をめざす方向性が間違っている訳ではないが，家主不在型の都市民泊に大勢の外国人を泊めるだけでなく，農村民泊で家主や地域住民と「国際交流」文化や考え方の違いを学び・楽しむ機会を創出すべきである.

　たとえばインバウンド客に人気の「京都」も京都市内は新規の宿開業が規制される程オーバーツーリズム問題が顕在化していたため，京都市外を「もうひとつの京都」と京都府はアピールしてきた．府の南部を「お茶の京都」・中部を「森の京都」・北部を「海の京都」と称し，府全域へのツーリスト分散策を展開している［中尾 2018］が，それが京都市内の混雑緩和にも寄与し，結果的に市内「観光型ツーリスト」や住民の満足度を高めることになる．もうひとつの京都（お茶・森・海）エリアは農泊地域も多いので「交流型ツーリスト」を狙えば京都市との差別化にもなる.

　国全体で見ても，三大都市圏（東名阪）に代表される「都市ツーリズム」中心の「ゴールデンルート」ではなく，「農村ツーリズム」中心の「バリュールート」開発は COVID-19 後もさらに必要であろう．過密な都市への人流集中を抑え，農泊で「人と人の心が交い合うツーリズム」推進を！

注

1）　COVID-19 禍により外国人観光客が来なくなったこと.

2）　読売新聞「給付金搾取　民泊アジト　京都，逮捕の男ら　管理の目届かず」2020 年 9 月 30 日.

3）　国（厚生労働省）が示した「教育民泊は旅館業法の適用外」通知が市町村等まで届いていない状況.

4）　ここでいう小農的民泊とは，第 1 次産業＋α で宿泊を受入れている民泊のこと．つまり，大規模な専業の宿泊事業者ではなく「農的な営み」に付随して宿も行っている者.

引用文献

加藤愛・細野賢治・山尾政博［2015］「体験型教育民泊による地域への効果と受入組織運営のあり方──（一社）伊江島観光協会を事例として──」『農業経済研究』87(3).

鈴村源太郎・中尾誠二［2017］「農山漁村における少人数分宿型教育旅行受入組織の適正規模に関する考察」『農業経済研究』88(4).

中尾誠二［2008］「農林漁家民宿に係る規制緩和と民泊の位置付けに関する一考察」『2008年

度日本農業経済学会論文集』.

――――［2015］「農山漁村民泊の制度面に関する政権交代前後の動向」『成美大学紀要』5 (1).

――――［2018］「民泊女子交流会による農山村教育民泊の受入推進――京都府南丹市日吉町世木地域振興会の取組――」『農村生活研究』61(1).

――――［2021］「農山漁村における with/after COVID-19時代の人的交流："オンライン宿泊"等の展開と今後の可能性」『農村生活研究』64(2).

農林水産省［2022］『ポケット農林水産統計 令和 3 年度版』農林統計協会.

前田有佳利［2020］「WhyKumano の"オンライン宿泊"を体験しました｜和歌山」『旅が好きになるゲストハウス情報マガジン FootPrints』（https://www.footprints-note.com/topics/5838/, 2020年 4 月 8 日最終閲覧）.

松原小夜子［2020］『持続可能な暮らし×自然系ゲストハウス―脱消費・スロー・ミニマル・ローカル―』風媒社.

宮田静一［2010］『しあわせ農泊――安心院グリーンツーリズム物語――』西日本新聞社.

UNWTO［2019］「International Tourism Highlights 2019年日本語版」（https://unwto-ap.org/wp-content/uploads/2021/05/Tourism-HL2019_JP-1.pdf, 2020年 2 月 7 日最終閲覧）.

（中尾 誠二）

column 9 「もうひとつの家族」を体験する
──京都丹波地域での「教育民泊」の取組み──

　私は，2015年6月から6年間，一般社団法人 京都丹波・食と森の交流協議会に籍を置き，教育体験旅行＝農山村教育民泊（以下，教育民泊）に関わってきました．この間の教育民泊受入れの状況をレポートします．

1　教育民泊受入れ概要

　この地域における教育民泊の受入れは，2013年度（１校72人）から始まり，およそ７年の間に学校数100校超，児童生徒数5200人超となりました．私はこのうち2015年度から2020年度まで受入れに関わってきました．受入れ地域は，当初南丹市美山地域で始まり，その後亀岡市，京丹波町，南丹市日吉・八木地域，園部地域へとひろがり，さらに綾部市，福知山市へとひろがっていきました．

　この事業は，京都府南丹広域振興局等のガイドラインに沿って行われてきたものですが，旅館業法にいう「業」としてではなく，教育活動の一環としての体験活動を行政として認めるというものでした．来訪者は主に京都市内の学校の宿泊体験学習や修学旅行で京都に来る中学生です．2015年度以降，国内にとどまらず，海外（台湾等）からの学生・生徒の受入れが年間100人をこえるなど，海外からの予約申し込みが増加の一途をたどることになります．しかし，2020年度以降は新型コロナの影響もあって国内外からの教育民泊予約は皆無となりました．

2　教育民泊とは

　農山村地域において京都府のガイドラインで認められたご家庭（農家等）での農業や田舎暮らしの体験，共同調理，宿泊体験などを都市部の児童生徒に提供するものであり，私達はこうした取組みを「農山村教育民泊」と定義づけてきました．この事業は，京都府をはじめ行政の大きな支援のもとで進められてきた経緯があります．

　この教育民泊を受入地域側からみると，農村の過疎化や高齢化が進む中で「地域を活性化したい」，「子ども達と触れ合いたい」，「地域の宝である子ども達の教育活動に少しでも貢献したい」というボランティア精神をベースにひろがってきたといえます．受入れ地域では「若い人達に農村や農業に関心を持ってほしい」，「将来わが農村に移住してもらいたい」などの期待をこめて教育民泊受入れに踏み出したというのが本音だったと思います．

　同時に，地域にとってこの取組みはこれまで他人を家庭内に受入れることなどなかった「田舎」での「村」始まって以来の「革新的」な取組みだったに違いありません．

　こうした取組みを通して人と人のつながりのすばらしさを実感し，今日では「ボランティア」から「生業」として，農家民宿に足を踏み出した人も少なくありません．

3　受入れ地域のひろがりと変化

　当地における教育民泊受入れ意識の特徴は，ビジネス（利益追求）ではなく，教育的でかつ地域活性化の願いが非常に強いというのが私の率直な感想です．

　教育民泊が終わった時の子ども達の感想は新鮮で感動的です．「夜になると真っ暗，星がこんなにきれいとは知らなかった」「京都市内のすぐ隣にこんな田舎があったとは知らなかった」「シカやイノシシをいっぱい見た」「じいちゃんやばあちゃんとじっくりとお話しでき，人の温かさを感じた，まるで本当の家族のようだった」……わずか1泊だけの「農村体験」で，参加した子ども達から共通の感想が寄せられています．この声には，コーデネーターをやっていて当初は本当に驚きました．随行の先生方も「子ども達が学校では見せない良い顔をしている，帰ってからの学校生活が楽しみだ」と感想を述べられておられます．教育民泊での「本物の体験」は，実際の家族に加えて「もうひとつの家族（オルタナティブ・ファミリー）」をつくる営みだったということを，子ども達や受入れのご家庭から教えられました．

　この間子ども達を受入れてきた地域はこのレポートの冒頭で紹介した南丹市，

写真　入村式の様子

出所）「（一社）森の京都地域振興社」HP から，筆者撮影．

亀岡市，京丹波町，綾部市及び福知山市ですが，これらの地域は「森の京都」地域といわれています．これらの地域では，鳥獣被害で野山が荒らされ，高齢化や過疎の進行によって地方行事や祭りの後継者不足等様々な課題を抱えてきている中で，教育民泊によって子ども達の声が谷あいに響き渡り，若者から元気をもらい，地域住民の新たなネットワークが復活するなど，今では教育民泊は地域に欠かせないものとなってきています．

4　教育民泊から農泊への展望── with コロナのもとで──

　農泊は単に児童生徒だけを対象と考えるべきではなく，「農山村地域社会の活性化」や「都会の人と農村の人との豊かな関わりづくり」の絶好の場となります．

　土に触れ，風を感じ，共同で調理した食事を一緒に食べ，訪れてきた人達と地域の人達が同じ「空間」の中で過ごすひと時は「心の栄養」と「安らぎ」を得る場であり，それが教育民泊であり，農泊であると考えます．

　今この取組みは学校や子どもの枠をこえて，家族やグループ，地域自治会，さらには企業や一般の旅行客に対しても多様な形態で受入れ準備が進められています．コロナ禍が落ちついたときには「新たな教育民泊・農泊」が待っています．

注 ─────────────────────────────
1）（一社）京都丹波・食と森の交流協議会は2021年3月に解散し，教育民泊事業は（一社）森の京都地域振興社に引き継がれています．

（今西　静生）

第10章 過疎，農業離れ問題をいかに捉え，
　　　　行動するのか

1 日本三景の天橋立がある宮津市の過疎,農業離れの実態に触れる[1]

　宮津市には宮城の松島，広島の宮島と並ぶ日本三景のひとつ，天橋立がある．3つの地域に共通しているのはいずれも過疎地であることだ．ただし，3つの地域の交流人口の多さは過疎地域の中では群を抜いている．宮津市の観光入込客数は，2019年には320万5000人だった．2020年には，106万1000人減（33.1%減）の214万4000人になり，府外からの観光客も37.7%減の167万8000人，宿泊者数は39.4%減の39万3000人だったと，コロナ禍での数字が出ている[2]．この数値から産業面でも危機感を募らせていることは想像に難くない．

　宮津市の2021年1月31日現在の世帯数は8345世帯，人口は1万6993人であるので，2020年でも定住人口の百倍以上の人達が観光で訪れたことになる．しかし，過疎，農業離れの問題が解決の方向に向かっているとは言い難い状況が続く．なんとかしたいという思いで，宮津市が立ち上げた大学連携事業に，京都大学の学部学生の有志と私達京都大学の東南アジア地域研究所，大学院アジア・アフリカ研究科の教員が参加した．

　私自身ふり返ってみても，初めて天橋立に観光客の一人として宮津市を訪れた時，宮津市が過疎，農業離れの問題を抱えているとは想像すらできなかった．これらの問題は私の関心の外にあったということを素直に述べておきたい．もし200万人近い観光客が，自分の問題事として過疎，農業離れの問題を捉えてくれることができるようになれば，とてつもない支援者が毎年増えることになる．私は，過疎，農業離れの問題を乗り越えていくためには，自分の問題（当事者的意識）としてこの2つの問題を捉えようとする人を地道に増やすことから始めるのが王道だと思っている．そう考えるに至った経緯について述べていきたい．

2　日本の過疎，農業離れの問題をアジアの人々はどう感じたか

　宮津市の下世屋地区の碑文（写真10-1）に出会った．この碑文では，十二代続いた家が大阪への転出を決断し，実行しなければならなかったことを愁悲という言葉に込めている．

　　「阪野家十二代阪野芳太郎は先祖伝来の地，下世屋一四〇五番地に定住したが十三代以降は塵の街大阪へ転出した．秋風秋雨と共に先祖の労苦を偲び愁悲する．市場経済も良いが最後は戦争だ．将来過疎地の世屋はどうなる事か愁意は尽きない　平成十六年十一月」

　2004年11月に，阪野さんは世屋から離れた．天橋立の美しさも際立っているが，里山，里地，里海がつくる宮津の日常生活の中にある美しさはかけがえのないものだ．その思いが，塵の街大阪という言葉に込められ，転出していくことが本意ではないという忸怩たる阪野さんの傷心の思いがぐさりと私の心に飛び込んできた．私が担当した京都大学の授業の学生達，ブータン，ミャンマー，バングラデシュ，ラオスから招へいした学生，教員，村人，関係者のフィールドスタディでは，必ず，この碑文を見せてきた．

　ブータンの人は，この碑文の意味を理解し，空き家を見て，「なぜこんなことになったのだ．十分に住める家じゃないか」との率直な感想を私に伝えてくれた．バングラデシュの人は「日本のどこに村があるのか」とコメントしてく

写真10-1　下世屋の碑文

出所）筆者撮影．

れた．つまり，彼らにとっての村とは，インフラが整備されていないのがまだ当たり前の状況なのだ．インフラが整い，美しい風景の農村から人がいなくなり，田畑が放棄されている日本の状況は，彼らにはまったく理解できなかったことだろう．しかし，「市場経済も良いが最後は戦争だ」と過疎の問題の本質を碑文に遺した阪野さんの鋭い洞察が，インフラ整備や美しい風景では解決でき

ない過疎，農業離れの本質を言い当てている．過疎，農業離れの問題が解決されるためには，市場経済に任せっぱなしの社会経済システムは修正する必要があるという意味を込めていると思われる．結果，阪野さんが碑文に込めたのは，過疎問題を自分の問題として考え，行動するという共感の心と行動を社会システムに取り入れ，これらの問題を解決して欲しいという切実な願いだと私は解釈する．この碑文の思いを通して，その気持ちを学生達，海外の人達とも分かち合ってきた．

 ## 3　「時間が止まっている」過疎問題

　過疎問題に興味がある方は，YouTube の動画などで視聴可能な1970年代の過疎地帯のドキュメント[3]を是非見てほしい．私がこのドキュメンタリーで衝撃を受けたのは，1970年代の過疎地域の記録映像「島根県匹見町（現益田市）荒れ果てる田，朽ちる家．27軒が2軒になっても，あくまでも土に生きる」の見出しとインタビューを受けている農民の方の話である．病院がないことや子どもの友達がいない，などである．現在の過疎地の問題と大きく異なることはない．つまり，過疎問題が50年間，解決への大きな進展をみることなく結果的に放置されてきたとしかいえない，という状況が分かる．過疎問題は，道路などの社会インフラ整備が進んだにも関わらず，その効果が活かされることなく50年前から時間が止まっている，ということだ．

　京都府南丹市美山町に引率したバングラデシュ，ミャンマー，ブータン，ラオス，インドなど，アジアの開発途上国の私の友人である招へい者達は，決まって「なぜ若い人は村から出て行ったのか」と尋ねる．あの時もそうだった．子ども達が村から去り，すでに，後期高齢者になったと思われる女性に対し，私の友人が問いかけた．答えは決まっていた「働く場所がないからね」である．これに対して「村から出ていった若者も，今では年金生活に入っているから，今も多くの人達が戻ってこないのは，働き口がないことだけが理由とはいえないのではないのか」と，思わず口から出てしまった．女性は沈黙された．私も言ってしまってから後悔した．村から出て行った若者達，特に長男が戻って来ない理由を一番知っているのは，村に残った年老いた父であり母であっただろう．自らに言い聞かせ，諦める．経済問題が本質でない，ということはこの話からも直観的に納得できる．

4 過疎問題と向き合う

　ブータンとミャンマーからの招へい者は，美山町（南丹市役所支所）で歓迎を受けた．職員から「どんなことでもいいから，（過疎問題の解決に向けて）気がついたことを，教えてほしい」と問いかけられた．その答えは今も私の脳裏から離れない．ブータン王立大学シェラブッチェ校の講師のY氏は「都会に追いつけ，都会のようになるのがいい，と子ども達に教え続けてきたら，本物の都会を求めて子ども達は村を出ていく．都会とは違う村の良さを本気で教えなければ」と淡々と語った．東ブータンでの過疎の現状を思い，自らを諭している言葉だったのだろう．東ブータンでも村の小学校では，農業ではなく都会に出て，あるいは，政府の役人となってサラリーマンになることが教師からも親からも子ども達に教えると私は聞いていた．私の親も農業が主の兼業農家で，私に対する期待は，農業以外の職，できれば安定的な公務員になることを望んでいた．東ブータンの農村部の親や教師の気持ちはよく分かるが，いつの間にか，村に住んできた人達が，自らの社会や文化を次世代に向かって否定していたのだ．これでは村から子ども達が出ていくのも仕方がないといえるだろう．都市の発達，都市の有意性にばかりに目が向きそうであるが，農村の内側が抱えてきた問題もしっかりと見つめることが必要である．農村，農業の良さをしっかりと自覚し，農村に住む住民や農業生産者である農家が実際に自覚を行動に移していくことで止まった時間を動かさなければならない．それは農村，農業の再評価から始めることだと私は確信している．

5 過疎，農業離れ問題と当事者的意識

　農村に住むことの良さ，農業の素晴らしさの現代的な説明を行うことよりも，過疎，農業離れの問題を自分の問題として意識できる人を一人でも多く増やしていくこと，それが農村，農業の再評価につながると私は捉えている．

　ところで昨今では，農村に住んでいるからこれらの問題を当事者的に捉えているとは限らない．都会に住んでいるから，農村に住んでいないから，この問題とは無縁であるとはいえない．ここでいう，当事者的意識とは，他者の痛みを受入れ，感じることができる心，すなわち「自覚」に基づく「共感」である．

まずは自覚することが，次に，問題を解決しようという行為，意識につながる．主体的に問題と向かい合い，何かできることはないか，と意識することができる人の誕生である．

　2018年の夏だったと記憶している．天橋立ユースホステルのある朝のことだった．東京から来ているという女性が声をかけてきた．宮津市，京都府，京大の連携事業で過疎問題に取りくんでいることを私は話した．すると，彼女からは，「村の人達が自分の意志で都会に出ていくことは，当然のことでしょう」というコメントが返ってきた．こうした考えは，この女性に特有ではなく，日本の都会に住んでいる人達が持っている平均的な考え方だろう．農村の人も都会の人も「農村の若者が都会へ出るのは当然」という考えを持つ．

　経済発展すれば，就業機会の差や農業生産の限界から都市に就業の機会を求めて人が集まるのは自然の流れであると経済学は教える．過疎，農業離れは市場経済が発展し，農村部に波及していけば当然起きる「自然現象」のようなものだ，というのである．もし仮にそうだとしたら，この問題を解決するためには，社会の仕組みそのものを変えていく必要がある．それを直観的に捉えていたのが，冒頭で紹介した石碑である．しかし，阪野さんが指摘するように，その行き着くところが戦争であるとすれば，是非ともそれは避けなければならない．私は過疎，農業離れの問題は農村に住む個人の努力だけで乗り越えることができる問題ではなく，むしろ，政策的な対応が必須だと思っている．なぜなら過疎を誘発することは，社会の仕組みが作り出した病巣だからである．私は，戦争が経済の成長の結果行き着く到着点だとは思わない．民主主義では，国民の一人一人が自分の問題として捉え指示する枠組みができれば政策的にも思い切った手が打てるのである．欧米の若者達が発信源となって二酸化炭素排出による地球温暖化の問題をなんとかしようとする運動をみればよく分かる．

6　過疎，耕作放棄地は経済の成長が作り出したという問題は本当か？

（1）国際比較からみた過疎，耕作放棄地と経済成長の関係

　2011年8月11日に総合地球環境学研究所が招へいしたブータン・タシガン県のゾンダ（政府の行政職としての任命知事）らの一行を美山町知井地区へ，一泊のフィールドスタディに引率した．知井地区の空き家と水田に杉が植林されている知見集落を実際に見てもらい，知井振興会では振興会関係者から知井地区の

写真10‐2　東ブータンの栽培放棄地と空屋
出所）　筆者撮影.

過疎，耕作放棄地などの問題に関する説明を受けた．ブータンの人々に，反面教師として日本の過疎，耕作放棄地の問題を知ってもらいたかった．しかし，私がまったく予想していなかった言葉が返ってきた．県知事が「アンドウさん，この問題はブータンでもあります．第5代国王がもっとも関心を抱いていることでもあります．」と話してくれた．この時までに，私は2度，タシガン県を訪問し，一回が2週間ほどの短期間の滞在であるが，カリン，バルタム，ラディ，サクテンなどの郡（ゲオク）で農業技術や農村の生活に関するフィールドワークを行っていた（**写真10‐2**）．日本の耕作放棄地では，雑草や灌木が茂り，中には杉が植林されているところもある．空き家は手入れされず，朽ちていることも多い．日本の過疎，耕作放棄地の問題は景観にもよく現れており，一過性のツーリストでも分かる．しかし，ブータンでは，一過性のツーリストにも分かるような農村景観ではなかった．タシガン県の農村部の家屋は石で作られている．そのため外見からだけでは「空き家」であることは分からない．田には牛が放たれ，草を食べていた．景観から過疎や耕作放棄地の問題を捉えることは難しかった．県知事の言葉に，私はショックを受けた．GNH（国民総幸福量）の[4]数値を暮らしやすさの指標とし，経済発展とは違った視点で開発を捉える国で，過疎問題と農業離れが起きているとは予想できなかった．GNHとタシガン県の農村景観からは，農村の伝統文化を守る満ち足りた精神生活を送っている東ブータンの村人達，というイメージを勝手に作っていたのである．ブータンは，産業発達によって日本やヨーロッパが経験したような，都市を中心とした経済成長を成し遂げたわけではない．それでも過疎，農業離れが起きている．このブータンの現実だけをみても明らかなように，平均的な日本人が持っている「経済が成長すれば過疎や農業離れが起きて当然」という常識が実は通用しないのではないだろうか．つまり，過疎や農業離れの問題はどうやら本質的には経済の成長の問題ではないということが直観的に理解できる．

（2）過疎，耕作放棄地の国際比較研究

　2012年にタシガン県カリン郡の農村で，ブータン王立大学シェラブッチェ校との共同研究を開始することとなった．躊躇なくカリン郡の過疎，耕作放棄地の実態を把握し，分析するという研究テーマを設定した．シェラブッチェ校の若手の講師数名と学生数名がカリン郡役所のホールで泊まり込み，長期滞在によるカリン郡の村々についての共同調査を実施した．日本からは，愛媛大学農学部の博士課程に在籍していた赤松芳郎氏も参加した．2012年9月2，4日には，シェラブッチェ校でこの共同研究の調査結果の発表を中心にした「International Workshop on Changing Environment in Rural Communities of Bhutan and other Asian Countries」を開催した．

　この国際ワークショップでは，カリン郡に登録された住民の約半数は実際には住んでいないことや，空き家，耕作放棄地の実態について，シェラブッチェ校の若手講師が発表した．それを聞いていたシェラブッチェ大学の同僚の若手講師から「データの取り方が間違っているのではないか」という趣旨の質問があった．2012年当時，タシガン県での過疎や耕作放棄地に代表される農業離れの問題は，その深刻さに比べて，ブータン国内においても知られていない問題だったのだ．それは，経済の成長が著しく起きていないブータンでは当然の常識だった．

　私は，過疎，耕作放棄地などの農業離れの問題は，経済の成長云々の問題ではなく，そして日本だけの問題ではないと強く実感した．過疎，農業離れ問題を街に住む人達が自分の問題として捉えることの難しさは，実は，経済成長の問題が本質ではないからである．東ブータンの村々での調査を通じて，過疎，農業離れが起きるのは，各国の経済成長の違いによる個別的な問題ではなく，経済成長ではない他の要因で全世界的に起きるグローバルな問題であると私は確信した．グローバルな問題であるのなら，「放置されてきた過疎問題，農業離れ」の問題に風穴をあけることができるのではないかと思い始めた．つまり，それは農村や農業，暮らし方の価値観の問題ではないかと思い始めたのである．

7　既存の価値を揺さぶるアプローチ

（1）相互啓発実践型地域研究

　価値観を変えるために，もっともよい方法は，経験により自分がもっている

既存の価値が揺さぶられることである．過疎や農業離れをグローバル問題と位置付けることで，ブータンの人達と日本の人達は同じ土俵に立つことができる．ただし，土俵に立つまでの経緯，つまり歴史や文化，社会が異なる．また経済の発展の度合いは大きく異なっている．私は，この点に注目し，ブータン王立大学の学生や若手教員らを京都の過疎，農業離れの問題が起きている南丹市美山町や宮津市北部の中山間地の村々に2週間から1カ月入ってもらい，村でのボランティア活動やPLA（Participatory Learning and Action, 村人との参加型ワークショップ）などを経験してもらった．また，シニアの教員には，スタディツアーで四国や瀬戸内の島の過疎，農業離れの実態を見せた．一方で，京都大学の学部学生ら10名余りに対しても2週間，東ブータンのタシガン県の農村でPLAを実施し，過疎，農業離れの実態とブータンの農村社会を短期間ではあるが実感させた．私はこの取組みを「相互啓発実践型地域研究」と名づけている．

　ブータンでは，村と村をつなぐ村道，農道づくりがインフラ整備として急ピッチにすすめられている．瀬戸内の島，呉市地区でのスタディツアーにおいて，ブータンのシニア教員とともに，放棄された段々畑や棚田，それらを結ぶ舗装された道路を視察した．その教員は，「ブータン政府が行っている農道づくりの将来がこの風景だとしたら，莫大な投資の損失となる」と驚きをもって，しかし，冷静に話していた．このように，インフラを整備して，生活環境のレベルが都市部並みになっても，過疎や農業離れをくい止めることができない日本の実態を実感してもらった．この事実は，経済の発展問題だけが過疎や農業離れの要因ではない，ということを明確に示唆している．

　山口県の過疎や農業離れに関する国際会議では，ミャンマーの学生が「ミャンマーでは大学を田舎につくって大学で地域振興を行っているが，日本ではなぜそれをしないのか」と発表していた．たしかに彼女の指摘のとおりで，ブータンでも大学は農村部に設立されていることが多いが，日本では，大学は都市部にあることが多い．ミャンマーでもブータンでも大学が地域振興の一翼を担う位置づけとして，政策的に重視されているのだといえるのかもしれない．

　ブータン，ミャンマーなど，アジアの人々が日本の農村部で，地元の人達と意見交換をすることで，双方がこれまで持っていた常識を打ち破っていったのである．

　私は，過疎，農業離れの問題を解決していくためには，一見遠回りに見えて

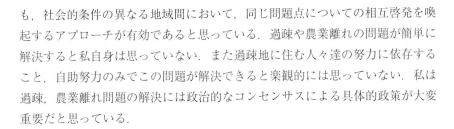

も，社会的条件の異なる地域間において，同じ問題点についての相互啓発を喚起するアプローチが有効であると思っている．過疎や農業離れの問題が簡単に解決すると私自身は思っていない．また過疎地に住む人々達の努力に依存すること，自助努力のみでこの問題が解決できると楽観的には思っていない．私は過疎，農業離れ問題の解決には政治的なコンセンサスによる具体的政策が大変重要だと思っている．

（2）政策提案への一歩―驚きと支援価格がつなぐ消費者と農家の価値共有

　7の日，つまり，7，17，27の日に，私が組合員となっている名古屋農協のM支店の駐車場を利用して，朝市が6：00～8：00の間に開催されている．定年となった年である2020年の5月に名古屋の実家に戻り，名古屋農協の組合員となり，この年の7月から朝市でお客さんと対話しながら，野菜を販売している．対面での私のお客さんへの口上は「化学農薬を使っていません．うまくて美味しいですよ．それが100円です」．一束，一袋100円がほとんどだからである．私は化学農薬を使わない露地栽培という特徴をいかしてスーパーで売られている野菜との差別化を図っている．

　それだけはなく，水田のコナギ，畑のスベリヒユなども販売している．朝市のお客さんの中には，「これって田んぼの中，道や畑に生えている草じゃないの」という人もいる．たしかにそのとおりなのだが，私は，「コナギやスベリヒユは，日本では一部の地域を除いて雑草となっているが，平安時代から知られている食用の草である．万葉集にも詠われている．そして，コナギは東南アジアでは市場でも野菜として売られていたり，スベリヒユはヨーロッパでは立派な野菜である」ということも知らせたA4のチラシを作って配布したりしている．私は，コナギやスベリヒユを販売することで，日本の農業の奥深さをお客さんに知ってもらいたいと考えているのだ．

　私の販売している野菜栽培では，竹酢，砂糖，焼酎を1：1：1の比でつくったストチュウと呼ばれるものを500から1000倍に希釈したものと，焼酎にトウガラシを入れて作った液を1000倍に希釈したものを合わせ，それを5日から10日間隔で噴霧して病虫害を防除している．それでも，病気や虫の被害が出る．多少穴が空いた葉物は，栽培方法を説明して安心，安全の野菜として販売している．

　また，朝市の終了後，92歳になった母が続けていた振り売り（私の地域では

写真10−3　軽トラの振り売りの野菜
出所）筆者撮影.

「売り物」という）に軽トラックで行くのだが（**写真10−3**），母がいつも「助けてもらってありがとうございます」とひとこと言って野菜を売っているので，私も真似をするようになった．たしかに，私の振り売りはお客さんに助けてもらっている感覚がある．だからといって，私は野菜をスーパーの値段と競争して安くしようとは思っていない．葉物は一律一束もしくは1袋100円である．ホウレンソウやコマツナは，スーパーではこの値段以下で売られていることも多いが，私はよほどのことがないかぎり，最低価格は100円である．私はこれを市場価格ではなく，支援価格と呼んでいる．

この支援価格の発想の原点は，4年ほど前に，大学の社会貢献の調査に，ミャンマー，ブータンのシニアの先生達7名をアメリカのコーネル大学とミシガン大学に引率した時，現地のファーマーズマーケットを見学したことにある．ファーマーズマーケットに来ていたお客さんと話をした時に，お客さんが農家を支援しているという意識に驚いた．私の目には大変新鮮で，羨ましく映った．

朝市の販売では，まだこの支援価格の感覚をお客さんとのやり取りでは実感できないが，振り売りでは，生産者とお客さんが野菜を介して生活を支え合っているという気持ちを確かに実感できている．ここには，母が作った30年来のお互いの関係が生きている．

実は，私が長年かけて研究として明らかにしてきた「経済ではない価値の共有が過疎，農業離れを防ぐには重要ではないか」とする視点を，母は長年かけて実践することで築き上げていた，という事実に驚きと尊敬の念を覚えるのである．

私は市場価格で農作物を売買するのではなく，支援価格という「定価」を農産物に導入した売買を提唱しようと考えている．過疎，農業離れの問題に対して，支援価格という考え方がひろがることで防ぐことができるようになればと

願っている.

注

1）「1．日本三景の天橋立がある宮津市の過疎，農業離れの実態に触れる」と「2．日本の過疎，農業離れの問題をアジアの人々はどう感じたか」は，『2021年度実践型地域研究「大学・地域連携」活動報告書——京都府宮津市等での地域連携をふり返って——』（京都大学東南アジア地域研究研究所実践型地域研究推進室発行）に掲載されたものをほぼそのままで転載している．ほかの項は本章のために書きおろした．

2）　京都新聞「天橋立のある京都・宮津市　2020年の観光客は3割減，過去最大の落ち込み」（https://www.kyoto-np.co.jp/articles/-/584767，2021年6月21日最終閲覧）.

3）　https://www.youtube.com/watch?v=lRGAWefA9UY，2022年11月17日最終閲覧.

4）　国民総幸福量とは，ブータンの開発政策の根幹である概念であり，国民総生産や国内総生産といった物質的な発展の度合いの評価とは異なる，精神面での豊かさの度合いを評価する尺度のこと（https://volunteer-platform.org/words/others/gross-national-happiness/，2022年11月28日最終閲覧）.

（安藤　和雄）

column 10 　アフリカの人・自然を日本で共感できる時代へ

　アフリカのツーリズムと聞くと，何がイメージされるでしょうか．おそらく，サバンナの草原を悠々と歩くアフリカゾウの群れや木陰にたたずむシマウマが思い浮かび，サファリカーに乗って，野生動物を観察することではないでしょうか．学生にアフリカのイメージを尋ねると，雄大な自然や野生動物という答えが多く返ってきます．

　アフリカの特徴をひとくくりで言い表すことはできませんが，実際に現場へ行くとなると，やはり動物園で見ることのできない生き生きとした動物達を見たくなるものです．さらに踏み込んだ「体験」では，スポーツハンティングという，野生動物を「狩る」ことのできるツアーも存在します．ライフル銃で「狩った」動物のトロフィー（頭の骨）を持って帰ることもできるようです．これらは先進国からアフリカに容易に移動できる私達の「欲望」を満たす観光と言えます．しかし，必ずしも現地の人々にお金が落ちるわけではなく，「体験」だけでは，人々の生活までを考えることはできません．

　そもそも狩猟は現地の人々にとって，生きるために必要不可欠な活動です．筆者が調査を続けてきたカメルーン南部の熱帯林の村では，人々が畑で多様な主食作物を栽培し，周囲の森で野生動物を狩り，樹木を生活資材に利用するなど，自然資源を活用した生活を送っています．もちろん，村ではビールなどの商品も手に入りますが，たとえば，自生するアブラヤシの樹液を集めたヤシ酒が村のビールとして人々に好まれるなど，自然資源は人々の生活を豊かにする側面があります（写真）．

　しかし，このような森での生活は，森林保全や野生動物保護の名目で，制限されはじめています．保護区に設定された区画には，狩猟採集どころか，入ることも許されず，罰金や禁固刑を科される場合もあります．保護区設立の背景には，手つかずの「真生」な自然を守るという前提があります．そのため，人間を森から

写真　二次林のなかでヤシ酒を飲む人々

出所）筆者撮影.

追い出すことが求められるのです．現地の人々の生活を考慮せずに，「真正」
な森林や野生動物を守る動きは，自然を享受したいというサファリ観光と通底
する，先進国側の欲望が見え隠れしています．

　近年の研究において，熱帯林は人間が深く関与しながらつくられてきた生態
景観である，という見方があります．これは日本の里山の考え方に近いかもし
れません．保全自体も，住民の直接参加を推進するなど，かれらの意見やこれ
までの生活を尊重する方向にシフトしつつあります．このように，現地の人々
の視点に立つことで，これまでのアフリカのイメージを覆すことができるかも
しれません．そのためには「現地へ行く」ということになってしまうのですが，
アフリカの森の奥まで行くことはなかなか難しいです．実際に，大学院生向け
におこなわれたカメルーンでのグリーン・ツーリズムは，事業を取り仕切った
研究者と現地の信頼関係が必要であり，相当な労力と資金がかかったようでし
た．

　それでは日本にいるだけでは，先進国側が欲しいアフリカの情報しか得られ
ず，現地の人々に共感を持った関わりはできないのでしょうか．

　現在は，向こう側からこちらへの働きかけも増えています．アフリカの農村
でもインターネット，スマートフォンの普及は著しいものがあります．筆者の
もとにも，日本のコロナ感染は大丈夫か，大雨の被害は大変か，など，カメ
ルーンの知人から心配の連絡とともに，畑の整備のためにお金を送ってくれな
いかといった要望が頻繁にくるようになってきました．全てに応答はできませ
んが，双方向のやりとりは増えつつあります．

　実際に日本で生活を送っているアフリカ出身者も増えています．水産加工業
や建設業など，なかなか普段の生活では目につきにくい現場ですが，どこかで
かれらに出会うかもしれません，また，なにげない日常のなかで，チョコレー
トや携帯電話のバッテリーの原料がどこから来ているのかを考えるきっかけが
あるかもしれません．そのような出会いや想像のきっかけが増えることは，一
方的なアフリカのイメージに惑わされずに，私達の凝り固まった視点を揺るが
す可能性をもっているはずです．

（坂梨　健太）

第11章 都市農村の人的資源循環システムを担う農業大学校
——京都府立農業大学校の事例に基づく——

は じ め に

　全国には農業の後継者を育成するために農業大学校が設置されている．その主たるものは，設置主体が道府県レベルの地方自治体で，全国に42大学校があり，毎年約2000人の学生が入学する．その前提は，戦後に確立した家族経営農業の持続的継承を目的としており，農家の子弟を農業後継者として教育する制度として設置されている．しかし，近年の農村部と都市部での激しい変動によって，農業大学校に入学する学生の約2/3は非農家出身の学生が占めるようになってきている．結果として，都市部の若者を農業者として教育し農村部に定着させる教育機関として農業大学校は機能してきている．

　本章では，この変化の実態を捉えるとともに，そのための取るべき教育のあり方について考察することとする．

1　農業大学校の概要

　現在，農業大学校と呼ばれる高等教育機関は全国に47校あり，このうち道府県レベルの地方自治体を設置主体とする公立の農業大学校は42校，私立の農業大学校が5校ある．

　現在の農業大学校は，制度的には「農業改良助長法（昭和23年法律第165号）」に基づき設置された農業者研修教育施設としての高等教育機関である．その目的は「農業を担うべき者に対し近代的な農業経営の担当者として必要な農業経営又は農村生活の改善に関する科学的技術及び知識を習得させること」（同法，第7条第1項第5号）にある［橋詰 2020］．

　この制度設計は，明らかに，戦後に実施された農地改革に基づく農業の民主化の流れに位置付けられ，自立的家族経営に基づく農業の持続的発展を目指したものである．しかし留意すべきは，この自立的家族経営農業を目指した農業

発展の方向性は，日本農業にとって，戦後の新しい動きではなく，戦前に遡る点である．本章で取り扱う京都府立農業大学校の場合，2020年に設立100周年を迎えている．その歴史は，1920年に農業技術者養成を目的に京都府農事試験場に設置された府立農業練習生と1940年に自営農業者育成を目的に設置された郡立何鹿農道館に遡る．その後変遷を経て，京都府立農業大学校となったのは1981年のことである［京都府立農業大学校創立100周年記念事業実行委員会 2021］．重要な点は，戦前の農業人材育成の2本柱である農業技術者育成と自営農業者育成の蓄積が戦後の農業人材育成の基盤となっていることである．

　したがって農業大学校は，4年制の農業系大学とは異なり，より実践的な教育を行う高等教育機関と位置づけられる．修業年限2年間の養成課程を基本としつつ，養成課程卒業者や一般の短大卒業者等を対象としたより高度な教育を行う研究課程（修業年限は1年間又は2年間），あるいは，新規就農希望の社会人経験者等を対象とした研修課程（修業年限はおおむね1年間）を設けているところもある［橋詰 2020］.

2　農業大学校の入学者・卒業者の動向に見る変化

　1980年初期は，マクロ指標（たとえば一人当たりGDP）では日本が先進工業国に仲間入りした1970年代前半から10年が経ち，日常生活レベルでも先進工業国としての内実が展開し始めた時期であった．この時期は，「農業の持続的展開とは，自立的家族経営の農家の人的循環によって実現する」との前提条件が有効性を持つ状況にあった．1993年の資料では，全公立農業大学校入学者2549人のうち，専業農家出身者は49％，兼業農家出身者は30％で，非農家出身者の占める率は21％に過ぎなかった．しかしその後，農業大学校入学者の構図は大きく変化していく（図11-1）.

　2002年では，公立農業大学校の総入学者2161人のうち専業農家出身者の比率は41％，兼業農家の出身者比率は27％，非農家出身者の比率32％であった．入学者の約2/3が農家出身者で，その農家出身者の6割は専業農家出身であった．自立的自営農業を営む専業農家を軸として農業の持続的発展を展開するという枠組が確保できていたといえる．

　ところが，さらに20年後の2020年では，全国の公立農業大学校総入学者2210人に関してみると，専業農家出身者の比率が23％，兼業農家出身者の比率が14

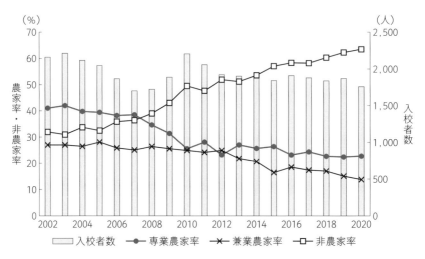

図11-1　道府県農業大学校（養成課程）入校者の変化状況

出所）　2020年度『全国農業大学校等の概要』（全国農業大学校協議会）より筆者作成.

%で，非農家出身者が全体の64％となり，入学者の2/3が非農家出身者で占められている状況となっている．農家出身者比率の減少と非農家出身者比率の増加という傾向は農業大学校が，この20年間で直面してきた継続的変化である．

　他方，同期間の全国農業大学校の卒業者の動向を示したのが**図11-2**である．2002年卒業者総数1901人のうち，自営就農したもの440人（卒業生に対する割合23％），雇用就農したもの125人（同7％），継続研修するもの208人（同11％），就職したもの756人（同40％），進学したもの169人（同9％）であった．定義では，就農者は農業従事者（自営就農＋農業法人雇用就農）と継続研修者及び就職者のうちの農業従事者を加えたものであるので，同年の就農者数は1007人（同53％）となった．同様の卒業者構成を2019（令和1）年で見ると，卒業生総数の1709人のうち，自営就農者255人（卒業生に対する割合15％），農業法人雇用就農者（以下，雇用就農者）572人（同34％），継続研修者32人（同2％），就職者734人のうちの農業従事者55人となり，その結果，就農者は931人（同55％）であった．

　この20年間，卒業生に対する就農者の割合は50〜55％で横這いに変動してきている（最低水準値は2010年の48％，最高水準値は2014年の59％）．この間の顕著な変化は，2010年を境に，自営就農者率がそれまでの約20％水準から約15％水準へと減少し，逆に，雇用就農者率がそれまでの10％台水準を超え30％台水準にま

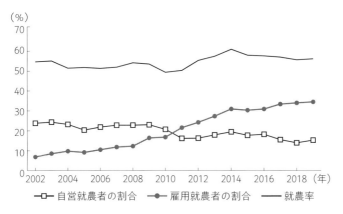

図11-2 道府県農業大学校（養成課程）卒業生の状況

出所） 2020年度『全国農業大学校等の概要』（全国農業大学校協議会）より筆者作成.

表11-1 道府県農業大学校（養成課程）卒業生の就農状況（農家／非農家出身者比較）

	卒業生 a	就農者 b	就農率 c=b/a	農業専従者 d	うち,自営農業 e	自営業比率 f=e/d	うち,法人雇用 g	雇用比率 h=g/d
全体	1709	931	54.5%	844	255	30.2%	572	67.8%
農家出身	689	431	62.6%	403	204	50.6%	195	48.4%
非農家出身	1020	500	49.0%	441	51	11.6%	377	85.5%

	就農Odds c/(1-c)	就農OR	自営Odds f/(1-f)	自営OR	雇用Odds h/(1-h)	雇用OR
全体	1.20		0.43		2.10	
農家出身	1.67	1.74	1.03	7.92	0.94	0.16
非農家出身	0.96	0.58	0.13	0.13	5.89	6.28

注） OR：オッズ比

出所） 2020年度『全国農業大学校等の概要』（全国農業大学校協議会）より筆者作成.

で増加していることである. その結果, 自営就農と雇用就農を加えた農業従事者数の比率は2013年を境にそれまでの30％台から40％台へ増加傾向を示し, ほぼ50％に近付いている（当然, 就農者率も50％を超えている）.

表11-1は, 2019年のデータに基づいて, 農家出身者グループと非農家出身

者グループの就農選択確率をオッズ（Odds）「見込み²⁾」で計測したものである．
2019年の全体の就農率は54.5%なのでオッズは1.20となり，農業大学校の学生
が就農を選択する確率は選択しない確率よりも若干強くなっていることを示し
ている．同様の計測を農家出身者と非農家出身者とで行うと，農家出身者の
オッズは1.67，非農家出身者は0.96となる．非農家出身者の選択（就農するか，
しないか）はほぼ半々であるのに対して，農家出身者の選択ははっきりと就農
指向性が出ている．農家出身者と非農家出身者のオッズ比較（OR：オッズ比）
は1.74となり，農家出身者の就農選択確率（指向性）は非農家出身者の約2倍
近い強さがあることを表している．農家出身者が自営就農を選択するオッズは
1.03で，自営就農か法人雇用就農かの選択はほぼ半々であるのに対して，非農
家の自営就農選択のオッズは0.13で，ほとんど選択肢には入っていないことを
意味する．その結果，自営就農を選択する農家出身者の確率は，非農家出身者
の確率よりも7.84倍強い．対照的に，法人雇用に関しては，非農家のオッズは
5.89（農家出身者0.94）で非常に強く，その法人雇用選択の確率は農家出身者の
6.28倍となっている．

　この傾向の中で重要なのは，卒業後の農業従事に関して，雇用就農がますま
す重要性を増してきているという点である．これは，農業大学校の学生の中で
非農家出身者率が増加してきているのと直接的に関係している．非農家出身者
にとって卒業時に自営就農するのは，土地・資本の確保などの困難性のため，
非常にハードルが高いので，農業法人の雇用就農を選択する確率が高くなるか
らである．換言すれば，受け皿となる農業法人の雇用条件のあり方が農業大学
校の卒業者（特に非農家出身者）の就農率に直接的に影響を与える段階にまで来
ていることを意味している．

③　京都府立農業大学校の立ち位置

　2020年度の卒業者の非農家率と就農率の2指標から道府県農業大学校の散布
図を見たのが図11-3である．卒業生の非農家率の全国平均は59.7%，就農率
の全国平均は54.5%で，非農家率が高く就農率も高い大学校は12校，非農家率
が高く就農率が低い大学校は10校，非農家率が低く就農率が高い大学校は11校，
非農家率が低く就農率も低い大学校は9校存在している．統計的に大学校レベ
ルでの非農家率と就農率との相関関係は全く存在しない．しかし，中長期的に

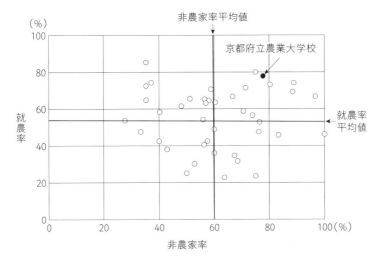

図11‒3　農業大学校における卒業生の非農家率と就農率

出所）　2020年度『全国農業大学校等の概要』（全国農業大学校協議会）より筆者作成.

は非農家率の逓増傾向が見られるので，非農家率の高く就農率も高い大学校の
あり方が，今後の農業大学校のあり方を考えるうえで，重要なモデルとなる.
京都府立農業大学校はそのモデルとなりうる．なぜなら，2020年度の卒業生18
人のうち非農家出身者は14人であるが，卒業生の93％が農業関係に従事すると
いう高い就農率だったからである．この卒業生の高い就農率達成の理由につい
て，特定の要因に絞ることには無理があるように思われる．むしろ，次に見る
教育を特徴づけている幾つかの要素の複合的効果（シナジー効果）と考えるのが
妥当と思われる．重要な点は，この特徴が2008年に京都府が実施した農業大学
校改革によって強化されたものであり，この改革以降に持続的な高い就農率が
実現してきていることである.

 4　京都府立農業大学校に見る教育の特徴

（1）実践的教育──実習を軸とした帰納的アプローチ──
京都府立農業大学校の学校案内は，まず以下の文章で始まる.

　　「京都府立農業大学校は『グローカル』な大学です．グローカルとは，

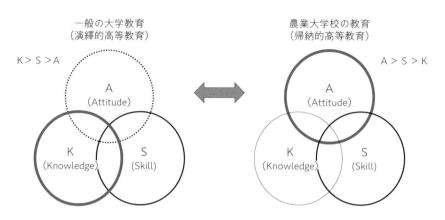

図11‐4　教育3要素（KAS）にみるパラダイム比較

出所）　筆者作成.

　　グローバルとローカルの統合語です．グローバルな環境変化に対応しなが
　ら，ローカルレベルで自ら立つ農業・地域社会の強みを活かす農業人を育
　てるのが，農大のミッションです．」

　このために構築された農業大学校の教育は実践的で，一般的な大学教育とは
対照的である．この実践的教育は2つの教育原理によって特徴づけられる．第
1の教育原理の特徴は，教育の基本的3要素，知識（knowledge），技能（skills），
態度（attitude）の統合の仕方にあり，頭文字をとってKSAと呼ぶ（**図11‐4**）．
有効な教育には，KSAの有機的統合が不可欠である．大学のカリキュラムで
は，Kは講義を中心に習得される「理論」である．Sは演習・実験で習得され
る「方法」で，Aはフィールドワークや実習で習得される「体験」である．
一般の大学教育では，理論（K）を軸とした教育統合がされ，その教育重点
はK＞S＞Aの順で構造化されている．一方，農業大学校では2年間で約3000
時間の教育時間を当てているが，その総教育時間の6割を実習に充てている．
体験（A）を軸とした教育統合を図り，その教育重点はA＞S＞Kの順で構造
化され，実習での体験（A）を理論的（K）・方法論的（S）枠組の中で体系的に
理解できるカリキュラムが構築されている．
　第2の教育原理の特徴は，教育の質にある．教育統合の差異は，教育の質的
差異を生む．一般的な大学ではKを軸とした教育であるため，まず理論に基

づいて仮説を構築し，その仮説を前提に現実を把握する "theory first" の演繹的アプローチとなり，仮説に含まれない要素は考慮の対象外に置かれるので，現実理解は仮説の枠組み内に限られる．他方，A を軸とする教育では，まず現実に対峙して，それを把握するにはどう考えればよいかを模索する「fact first」の帰納的アプローチとなる．前者は仮説の検定の過程として現実を理解するのに対して，後者では，現実からより妥当な仮説を構築するプロセスを取ることになる．

（2）4つの教育目標——農業生産者・農業経営者・地域社会指導者＋社会人基礎力——

　このような特徴を持つ京都府立農業大学校の実践的教育には，4つの狙いがある．第1の狙いは，農業生産者としての基礎能力の涵養である．日本農業，特に京都の農業は，米国農業のように大規模で量的に圧倒する生産ではなく，小規模であるが丁寧な良質の生産に特徴づけられる．この日本農業の強さは，硬さを誇る鉄ではなく，柔軟さを誇る鋼の強さである．その強さを活かす農業生産能力が求められているである．第2の狙いは，農業経営者としての基礎能力の涵養である．その象徴的な教育プログラムは，2年生の実践プロジェクトである．各自が自分の管理する圃場を持ち，自分で企画した農業生産だけでなく，同時に農業経営も体験するプログラムである．農業生産のあり方と農業経営の関係性について経験を通して学ぶことが期待されている．第3の狙いは，組織や地域社会の指導者としての基礎能力の涵養である．日本農業の特徴のひとつは，個々の農業経営主体（農家，農業法人など）は個別に孤立的に存在しているのではなく，地域レベルで他の農業経営主体や多様な集団・組織と密接に関係しながら成り立っている点にある．地域社会とどのような関係を持ちながら個別の経営を行うかは，個々の経営主体だけの問題ではなく，地域社会にとっても重要な課題なのである．第4の狙いは，社会人基礎力の涵養である．これは，農業大学校の教育の特徴のひとつである寮生活によって獲得される．寮生活は全人的教育の場で，寮での日常生活を通して，コミュニケーション能力，チームとして協調して働く力などが培われる．これらの能力は社会人基礎力と呼ばれ，社会で農業生産者として，農業経営者として，組織や地域社会の指導者として機能するための基盤である．これらの狙いは，京都府立農業大学校が育成しようとしている農業人の姿を明示している．つまり，社会人基礎力を基盤に，小規模であっても柔軟な鋼のような強さを発揮する農業生産者であ

り，与えられた環境に柔軟に適合しながら，自己の強みを活かした自律的で持続的な経営を展開する農業経営者であり，同時に，ほかの農業者や他産業の経営者，地域の人々との連携関係を構築し発展させていく指導者としての役割を担っていく人材を農業人としで捉えているのである．

（3）カリキュラム構造──系統化・重層化・専門化──

　これらの狙いのあり方は，そのまま農業大学校のカリキュラムの構造に反映されている．そのカリキュラム構造の特徴は，系統化と重層化と専門化（専門領域の明確化）である．全ての科目はそれぞれの狙い，特に農業生産者としての基礎力の涵養と農業経営者としての基礎力の涵養（教育目標）との関係で系統化されて位置付けられている．重層化では，1年次を基礎力涵養のステップ，2年次を基礎力に基づく実践力（応用力）涵養のステップと位置づけて科目配置されている．したがって，2年次に実施される実践プロジェクトは，農大の教育にとって最も重要で象徴的な位置にある科目となる1年次の専門実習にお

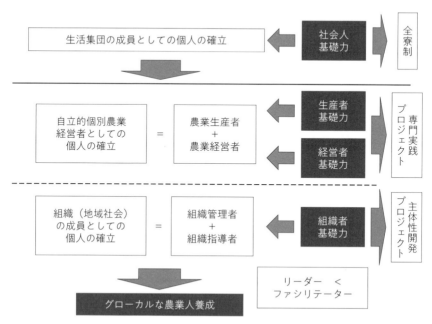

図11-5　農大教育の概念的枠組み

出所）　筆者作成．

146

いて，専門領域の明確化が図られる．つまり，1年次の専門実習で専門領域別に5グループ（施設野菜G・伝統野菜G・露地野菜G・野菜花卉G・茶業経営G）に学生を分け，各グループの担当教員がグループ所属の4人の学生をチームとして指導し，学生は各専門領域で定められた作目の栽培と出荷の実践を通して栽培技術の基本と経営感覚を養うことが期待されている．これによって，各自の農業生産での専門性が明確になるとともに，農業大学校の教育構造の最重要特徴である少人数教育体制が確立することになる．1年次の専門実習の体験に基づいて，各学生は2年次に自分の実践プロジェクトを実施する．2年次には，各学生に圃場が与えられ，その圃場で自ら計画した作物の栽培，その出荷と販売の実践が求められる．この生産と経営管理の実践を通して，その成果を分析し自己評価し，最終的に卒業論文としてまとめなければならない（図11‐5）．

（4）教育の可視化——シラバス[3]と実習日誌——

　このカリキュラムの枠組に基づいて実施する教育の内実化で，最も重要な要素は可視化である．特に可視化は，実習を中軸とする帰納的アプローチの教育では決定的に重要な要素となる．農業生産者としての基礎力を涵養する1年次の専門実習では，シラバスで1年間の栽培計画とともに時期別計画（各月の上旬・中旬・下旬）を明示することによって，学生はそれぞれの週で，どの作目を栽培し，どの栽培過程を実習しているかを把握でき，各週の教育目標が明確になる．このようなシラバスは，学生のみならず，農大の組織としても，教育の経験を組織として蓄積していくためにも重要となる．農大の教員人事は，府の人事の一環として行われるので，一定の期間（概ね3〜5年）で教員が交代する．したがって，前任者がどういう教育を行っていったかの経験を組織として蓄積できるかどうかは，組織の発展にとって極めて重要で，この意味でもシラバスの役割は非常に大きい．

　可視化で更に重要なのは，実践プロジェクトでの実習日誌である．毎日の実習内容（作業）を具体的に詳細に記述するだけでなく，写真やデッサンを含めた記録も同時に添付し，さらに作業とともに持った疑問を記述しておく．担当教員はその疑問に対してすぐに回答する．この毎日の積み重ねは，日頃の実習内容をデータ化して蓄積していることを意味し，その蓄積に基づいて自分のプロジェクト成果を分析し評価して，卒業論文としてまとめることが期待されている．事実に基づいて分析し評価する帰納的アプローチの教育実態が形作られ

ていることを意味する.

（5）実践教育プロセスのフローチャート

実習の全プロセスをシラバスによって明示し可視化することは，学生が農業人として成長していくプロセスを意識化すること，換言すれば，農業人として成長するモチベーションの強化を図ることを意味する. そのプロセスは，以下のように要約することができる.

〈1年次〉

基本実習→農家派遣実習（2週間）→意見発表会（自分の農業の将来像に関する意見）→プロジェクト計画発表会（2年次に予定する実践プロジェクトの計画）

〈2年次：実践プロジェクト〉

プロジェクト開始→プロジェクト互見会（各学生の圃場での現場視察による相互意見交換）→プロジェクト中間発表会→プロジェクト成果発表会→卒業論文（『京都府立農業大学校紀要』の掲載論文として公表される）

このプロセスで重要な点は，主な実習ステップの後には必ず発表が義務付けられていることである. 発表は，単にプレゼンテーション能力を習得するにとどまらず，それによって学生が実習の内容を自分で総括し，第三者（教員や学生）の評価を受けることによって，自己を相対化する機会を確保していることを意味する. 実践プロジェクトの主な実習ステップを踏むことは，当然のことながら，プロジェクト形成には必修項目である PDCA サイクル（P（plan）-D（do）-C（check）-A（act））を体得することになる. P（企画）は自らの目的・課題を設定し，課題解決のための仮説を構築する企画段階，D（実行）はプロジェクトそのものを実行する段階で，この段階で仮説を検証するためのデータを収集している（毎日の実習日誌の記録が現実を表すデータ）. C（評価）は収集したデータの分析に基づいて仮説を検証し再考するプロジェクト評価段階で，A（修正）は仮説の再考に基づいてプロジェクトを修正しプロジェクト目的を達成する，プロジェクトの最終段階を意味する. 農大の実践プロジェクトの過程では，C（評価）・A（修正）を重視している. それには，自分が実施したプロジェクトの現実を客観的に評価し修正する，謙虚で柔軟な態度が必要だからである. 現実から収集されたデータによる分析過程を重視し，その分析結果に基づいた「より妥当な考え方（仮説）の再構築」を行う帰納的アプローチがそれによって

実現可能となるからである．この背後には，現場の課題と対峙するときに重要なのはこの態度であるとの考え方が存在する．自分の考え方に固執せず，自分の考え方を客観的に評価する謙虚な態度，自分の強みと弱みを客観的に評価する態度は，地域固有性の強い農業に関わる農業人には，強く要求されると考えられる．この態度は，日常的な記録に基づくデータからの現実把握に始まり，その現実把握に基づいて自己の成果を客観的に評価するのが，卒業論文であると位置づけている．

　京都府立農業大学校では，学生が農業人として成長していくプロセスを意識化するために，実習を軸とした実践的教育だけでなく，農業関係の資格取得を積極的に推進してきている．具体的には，日本農業技術検定，農業簿記検定，大型特殊自動車免許（農耕用），小型車両系建設機械運転技能講習，小型フォークリフト運転技能講習，農業機械士，危険物取扱者（乙種・丙種），狩猟免許（わな猟），日本茶アドバイザー，日本茶インストラクターなどを在学中に取得するように奨励している．その理由は，資格取得が学生にとって専門的知識・技能の獲得の自己確認になると同時に，第三者に対する明確な提示になるからである．いわば学生が保有している専門的知識・技能の可視化を図っていることになる．

5　京都府立農業大学校の教育実施体制

　実習を中軸に置いた帰納的アプローチの教育が実現できているのは，農業大学校の教育現場としての内部構造と農業大学校を取り巻く外部環境の2点が重要なファクターとしてあげられる．内部構造として第1にあげられる重要な要素は，小規模で，しかも，教員1人当たりの学生数が4人という少人数教育体制が組めていることである．その第2の重要な要素は，全寮制であることである．これらによって，教員と学生，また学生間の社会的距離は極めて密になる．皮肉なことに，コロナ禍でこの利点が明白となった．小規模であるが故に，教員と学生の直接的関係を保障する対面教育と学生間の全人格的関係を保障する寮の共同生活を維持することができた．これらは，農業大学校教育の場としての基本的枠組であることを思い知ったと言える．

　農大を取り巻く外部環境として極めて重要なのは，府の農業改良普及センターとの連携関係があげられる．1年次に行われる農家インターンシップに際

して農家を選定する場合でも，また2年次で卒業後の就農先の選定に際しても，農業の現場を熟知している農業改良普及センターのネットワークは強力な支援基盤として機能している．これ以外にもほかの外部資源（学外関係機関・外部関係者・地域社会など）との連携関係は，教育プログラムの構築にとって極めて重要な要素となっている．第4次産業革命と言われるITを中心とする急激な技術革新と，それに伴うグローバル化という環境変化に対応した教育を展開していくためにも，外部資源との関係性をどう構築していくかは，決定的に重要な課題となる．

付記

本章は拙稿「都市農村の人的資源循環システムを担う農業大学校——京都府立農業大学校の事例に基づく——」UEJジャーナル第40号（2022年11月）に基づく．

注

1）「府立農業練習生→農業技術員養成所→農業講習所」と「郡立何鹿農道館→府立修練農場→高等農事研修所」の両所が高等農業講習所となり，後の京都府立農業大学校となった．
2）オッズとは，ある選択結果の確率（割合）をp（この場合，就農率）とすると，p/（1-p）で定義されるので，選択する結果と選択しない結果の相対的比較を意味する．この数値が1に近づくと選択する確率と選択しない確率が半々になっていることを意味し，数値が大きくなるほど選択する確率が高くなり，0に近づくほど選択しない確率が強くなることを意味している．
3）シラバスとは，授業の目的，到達目標，授業内容・方法，1年間の授業計画，成績評価方法・基準等を明らかにしたもの．

引用文献

京都府立農業大学校創立100周年記念事業実行委員会［2021］『京都府立農業大学校100周年記念誌　京農大のあゆみ』京都府立農業大学校．
橋詰登［2020］「序章　研究の目的と報告書の構成」農林水産政策研究所『就農者育成拠点としての道府県農業大学校の役割と機能——多様化するニーズへの対応と課題——』農林水産政策研究所．

（河村　能夫）

column 11　農作業体験を考える

　毎年，本協会で企画されている農作業体験や収穫体験，中でも収穫体験は好評です．稲刈りをはじめ，ブルーベリーの摘み取り，柿のもぎとりなど，根強い人気があります．

　50年前の1970年ごろは高度経済成長期の終盤で，公害問題，農村から都市への人口流出，離農と過疎問題などが顕在化しました．農村側の対応のひとつとして，全国各地に6000を超える観光農業経営体が次々と生まれました．当時の観光農業の類型化によれば，①果樹や農機具，農園などの生産手段を提供し，作ることの楽しみを体験させる「生産手段利用型」，②果実・イモ・野菜などを農園で直接とらせる「農産物採取型」，③牧場，花き園などを開放し，同時にレクレーション・休養の施設や場を提供する「場の提供型」，に分けられています．このうち，農産物採取型が，観光農業全体の年間来客数の44%に相当する763万人を占め，いわゆる収穫体験が観光農業の中心であったことがわかります［藤井 1973］．

　収穫とは，「農作物を取り入れること」です．収穫体験には，新鮮・安全で納得できる食物が手に入る，安価で農産物を得られる，などの満足感があります．しかし，30分以上かけてダイコンを抜きに来る人もいますし，幼い園児がサツマイモを掘って笑顔でいる姿を見るとき，金銭勘定だけでは説明し尽くせないものがあります．

　狩猟採集時代は，自然界に自生する野生の草木の子実や樹木の果実，魚，野生の動物などを獲って食べていました．収穫体験で農作物を収穫する行為は，狩猟採集民が野生植物の子実などを採集する行為に通じ，収穫の喜びは，狩猟採集民が食物を得る喜びに通じるものがあるのではないでしょうか．また，今から5〜8万年前に，人類は協力して獲物を狩るようになり，植物を採集した人や獲物を捕った人だけでなく，グループの家族員も一緒に食べること，いわゆる共食が生まれたとされています．それは，仏教での「お斎」，神道での「直会」，キリスト教での「聖餐」などの典礼的会食として，また，現代の儀礼・行事など生活文化の中にも引き継がれていると考えられます．

　私達現代人と同じグループの新人類＝ホモ・サピエンスの登場以降だけでも狩猟採集時代は20万年ほど続きますが，今から約1万年前に，人類が自然界の植物の繁殖と生育を保護・管理すること，すなわち，農耕が始まったと推定されています［ハラリほか 2021］．同時に，野生植物は作物になりました．野生植物の子実や果実の採集に加えて，地面に穴や溝を掘って，株や茎，イモなどの栄養体を植えたり，草木の子実を播いたりすることが初期の基本的な作業で

す．稲で例示すれば，農作業体験において，「稲刈り」に「田植え」が加わったとき，狩猟採集段階から農耕段階への移行を体験する，と捉えることができます．農耕的視点から農作業体験をこのように考えることができます．農耕的要素を加えた収穫の喜びは，単に収穫だけのそれと違うことを実感できることでしょう．土と作物に触れる感覚および水と空気，多種類の生物などを感じる感性，これら「人と作物と環境」の関係を五感でより深く感じ取ることは，プリミティブな農耕を想起させ，農業の大切さに気づくきっかけになるかもしれません．

　人間の行動を進化の原則を使って説明することを旨とする研究分野が進化心理学です．「ある特質（たとえば甘いものを好む）が進化した環境」あるいは「ある種の生物が適応する環境」である進化適応環境＝EEA と呼ばれる概念を拠り所にしています．しかし，これはある意味，人間は遺伝的に進歩していないことにも通じます［ズック 2015］．このように EEA については異論もあり，筆者も狩猟採集と収穫体験の喜びとを結びつけたものの，客観的データが十分ではありません．なんせ「沈黙のカーテンに隠された」何万年も昔の狩猟採集民の気持ちを知ることも難しいのです．しかし，農作業体験については，広く認められている人類の農耕・農業起源をふまえて，人類の行為として考えてみたものです．

　現在，都市農村交流活動をはじめ，農業者や農協青年部・営農組織などが協力して，学校教育の場面で農作業体験が盛んに取り組まれ，修学旅行で農業体験・農家泊も増えてきていると聞きます．そのねらいとして，食と生命の大切さを中心にした食育，農業技術・農業者を含む農業への理解と感謝などがあげられています．加えて，「農作業体験は人類史の追体験」であるといっても，大げさに過ぎることはないのでは，と思います．

　コロナ禍のもとで，これまで当たり前だった，人と直接会ったり，対話したり，体験することが，貴重で大切なことだと気づかされた方も多いのではないでしょうか．コロナ収束後は，農作業体験の機会をより大事にしたいと考えています．

引用文献

ズック，マーリーン［2015］『私たちは今でも進化しているのか？』文藝春秋．
ハラリ，ユヴァル・ノア原案・脚本，カザナヴ，ダニエル画，ヴァンデルムーレン，ダヴィッド脚本［2021］『漫画 サピエンス全史 人類の誕生編』河出書房新社．
藤井信雄編［1973］『観光農業への招待』富民協会．

（中村　均司）

都市農村交流の伴走支援
──日本都市農村交流ネットワーク協会のあゆみ──

は じ め に

NPO法人日本都市農村交流ネットワーク協会は，2007年3月24日に創立総会を開催して誕生しました．同年7月には法人格を得ました．当協会が歩んできた15年間の活動を振り返り，都市農村交流の伴走支援の到達点をまとめます．

 1 創立準備から草創期（2005〜2008年）

1992年，国はグリーンツーリズム研究会（中間報告）をたちあげ，農村の豊かな自然や美しい景観，伝統的な文化や食べ物などを資源とする交流ビジネス＝グリーンツーリズムを提案しました．1993年には従来の農業基本法に代わる新たな政策として「食料・農業・農村基本法」が提案されました．農業，農村の多面的機能が明確にされ，グリーン・ツーリズムへの関心が高まりました．また，自治体のリーダーシップでグリーン・ツーリズムが展開されはじめました．

こうした背景のもと，2005年，国内と東アジア地域でのグリーン・ツーリズムを活発化するNPO法人の設立をよびかけ，関心をもつ有志19名が参集し，準備が始まりました．2006年7月に準備会の結成会議が呼びかけられ，150名の参加者を得ました．結成会議では，NPO法人設立の趣旨説明と準備会の目的や活動計画が提案されました．また会議後には都市農村交流，グリーン・ツーリズムの目的と役割をテーマにシンポジウムを開催し，5名のパネリストによる活発な討論が行われました．さらに，12月には京都府立大学・近畿農政局・NPO法人設立準備会の3者共催による「東アジアにおけるグリーン・ツーリズム国際シンポ in 京都」を開催し，中国，韓国からグリーン・ツーリズム研究者を迎え，国内の研究者や実践者，観光カリスマ[1]などとともにパネ

153

ラーとなっていただき，170名の参加を得て，NPO 法人創立への機運が盛りあがっていきました．

　2007年3月24日，創立総会は，京都府立大学で行われ，約130人が参加し，来賓に国会議員，農林水産省近畿農政局長，京都府農林水産部，（一財）まちむら交流機構，日本生協連と多彩な顔ぶれの方々を迎えて開催しました．この頃より，農林水産省の政策の一部を民間事業者や農村地域の組織等に公募方式で委託する事業形態が始まり，当組織でも，3つの事業を受託し，活動を開始しました．

　都市から遠方にある京都府京丹後市を都市住民に紹介することを目的としたプロジェクト活動が始まり，会員と共に京丹後市へ出かけ農業・農村体験を行う企画や，京都市内で，シンポジウム「丹後王国への道」の開催などを行いました．農村女性による加工食品のスキル向上と農村女性起業のネットワーク化を目的に，研修会の開催やマルシェを行いました．

　京都府と奈良県といった自治体を超えた広域連携による農村活性化のモデルケースを作るべく，奈良県明日香村内のグリーン・ツーリズムコースの開発検討，東アジアのグリーン・ツーリズムと明日香の地域振興と国際交流を考える国際シンポジウム等を開催しました．

 2　組織の発展と課題別の多様なひろがり（2009〜2021年）

（1）都市と農村の交流，農業体験の活動のひろがり

　京都府京丹後市，綾部市，舞鶴市，京都市内，山城地域，奈良県五條市，宇陀市等の地域で，農業，収穫体験，地域の人々との交流等の取組みがひろがりました．京丹後市では，「源流の里での農業・酪農体験や吟醸酒づくり」，「新酒とカニすき，冬野菜の収穫体験で京丹後市の魅力発見」（2007年）を開始し，この時の企画ではじまった「じょうの酒」は今でも製造，京都市内でも販売されています．その後も毎年，京丹後市内の農業者と関西圏の都市部の人を結ぶ交流は続き，収穫体験，野菜ボックス・フルーツボックス販売が本 NPO の基本事業のひとつとなりました．また，綾部市奥上林では「水源の里地域農産物，加工食品のブランド化研究事業」（2010年）を農家と一緒に取組みました．

　2013年，農林水産省の「農のある暮らしづくり農業・農村文化交流事業」の認定を受け，京都市内の北区・北山杉の里における地域振興や市民農園の活動，

活性化を目的とした事業に取組み，2年間で350人近い都市住民が参加する取組みとなりました．また2015年からは，多様な農村体験が経験できる企画として，京都府の山城地域では，「新茶摘み体験，茶農家との交流，茶香服体験，宇治茶を学ぶ企画」，「枯露柿づくり体験と柿屋見学 in 宇治田原町」，「やましろの筍市のセリ見学，収穫体験」，京都府の中部，南丹地域の京丹波町での「丹波産黒豆枝豆の収穫体験，苔玉づくり」を毎年実施してきました．また，他府県でも交流を進め，滋賀県では，「滋賀県の観光苺農園の新規就農者との交流，イタリアンジェラートと農家レストランを経営する女性起業家との交流」，奈良県では，「宇陀市での野菜収穫体験と農家交流」，「五條市での富有柿の収穫体験と農家交流，農家レストラン，江戸時代の街並み散策体験」，岡山県真庭市で「木質バイオマス産業の視察研修」等，毎年，3〜5種類の企画をおこない，15年間で多くの地域を訪問し，農業・農村体験や地域の人々との交流を通して活動の輪がひろがりました．

（2）グリーンツーリズム，農耕文化研究に関する学習活動とその成果

　農業農村に関わる学習や研究会活動を精力的に行ってきました．テーマは多岐にわたっています．「猪，鹿肉を使った『ジビエ料理本』の報告書籍」，「天龍寺での庭園の見学と環境学習」，「宇治市・匠の館での宇治茶の魅力と美味しい入れ方教室」，「宇治市・萬福寺での普茶料理体験と留学生による中国茶・プーアール茶の入れ方教室」，「大和宇陀市・類農園とのコラボ企画の大和野菜の研修会」，「お米シンポジウム：京都米の品種と栽培，コシヒカリの誕生秘話と歴史」，「タイ東北部における有機農業とフェアトレード運動」，「大納言小豆の学習と和菓子づくり体験」，「相愛学園長大谷紀美子氏の講演とインド古典舞踊」，「西本願寺飛雲閣等の見学」，「10周年記念講演・同志社大今里滋教授を迎えた『命と食と農をつなぐソーシャル・イノベーション──その実践と教育』について」，「清水寺の見学」，「中川聰七郎氏講演『京都市重要文化財長谷川家住宅と長谷川良雄──京都近郊農村の近世を考える』」「大橋善之氏講演：京都府産酒造原料米の歴史と京の輝き100％で造るオリジナル純米吟醸酒『なからぎ』の誕生秘話」，「川面美術研究所長荒木かおり氏講演『二条城二ノ丸御殿の至宝とその修理について』二条城内の復元された襖絵の見学」，「興聖寺住職望月宏済氏講演『古田織部にいわれのある興聖寺の成り立ちと今』」，「乾多津子氏講演『梅干は酸っぱく，ジャムは甘く，笑顔は輝いて──タイ北部少数民族

の村での農産加工物語』」等，様々なテーマで，見学，体験を合わせた農耕文化について研究会を積み上げてきました．また，毎年7月には，日本3大祭りである祇園祭を学ぶため，宵々山の日に「祇園祭の起り」，「祭りと和菓子」，「粽や鉾の歴史」，「桂ウリと祇園祭」，「祇園祭のお囃子と和楽器」などをテーマに学習を行い，夕食と宇治茶を囲む懇談会，山鉾見学等をおこなってきました．

　また，会員も執筆に関わった高橋信正理事編著の『「農」の付加価値を高める六次産業化の実践』の出版を機に，六次産業化による地域農業の振興と発展をめざして「六次産業化シンポジウム」を6年間にわたって9回開催してきました．この企画から発展し，その後，若い就農者を支援するため，「若者が夢をもてる農業とは」をテーマに，シンポジウムを開催してきました．コロナ禍を迎え，その後は開催できておりませんが，また，人が集まれるようになったら，若い就農者を応援していきます．

（3）グリーンツーリズム国際交流および他団体との交流事業のひろがり

　国際シンポジウム「アジア・グリーンツーリズムの期待——中国，韓国でのひろがり——」等をすすめるべく，京都市内や奈良県明日香村，韓国聞慶市でシンポジウムを開催しました．

　その後は，学習を重ねるため，海外交流・視察研修を行ってきました．「中国・世界遺産の紅河ハニ棚田の視察，米の原産地を訪ねて」，「ベトナムの米栽培や有機農業を学ぶ」，「中国内モンゴル自治区の遊牧農業と農家訪問」，「カンボジアのオーガニック野菜農家との交流と学習」，「スリランカでヤシ油工場の見学，ウバ州ハルドゥムラで有機紅茶工場の見学」，「台湾・台北での直売所・フリマーケット田裡有腳印市集，有機農産物市場の視察」等，東アジア地域の農村や農家を毎年訪れ，実体験や交流を通して多くのことを学ぶ機会を積み上げてきました．

　また，他団体と協同したネットワーク事業，地域振興活動，農業支援事業がひろがりました．「京都府庁こだわりマルシェの企画」，「京丹後市アンテナショップ立ち上げ支援」，「京都市・大森市民農園振興協議会の結成と① 集落調査・分析，② ワークショップ，③ 先進事例調査視察，④ 実践活動交流イベント等の事業に取組みました．そのほか，「王隠堂・パンドラファームとの共催シンポジウム『生産者と消費者が連携し協同型の農業農村づくりをめざす

——農業生産法人（有）王隠堂農園・㈱パンドラファームの挑戦』」の開催，
「亀岡市地域振興事業」，「農業と福祉の連携〜農福連携を学ぶ交流会」，「日吉
町の地域資源を活用した『地域外ファンづくり事業』」，「綾部市水源の里・奥
上林で地域特産品づくり支援」，「京丹後エチエ農産の野菜ボックス企画」，「王
隠堂農園の野菜ボックス」，「京丹後新鮮フルーツボックス」，「龍谷大生協の京
丹後産鹿肉カレーの開発支援」，「コロナに負けるな！　府内農家応援キャン
ペーン」として，京丹波町の黒豆販売，南丹市美山町江和ランドのブドウ販売，
京都府立医科大学・府立大学生協内での府内産農産物の販売支援等，多岐にわ
たる取組みがひろがりました．

3　15年の到達評価と今後の発展に向けて

　当 NPO 法人会員数は，15年間を経て，約140の個人・団体・賛助会員に
よって支えられています．広報活動は『会報』を中心に行い，37号（2022年10
月）まで発行してきました．また十分とはいえませんが，ホームページも開設
し事業の動きを知らせてきました．

　当 NPO 法人の草創期には，都市農村交流によるグリーンツーリズムの普及
を掲げ，会員や市民の期待，社会の要請に応えつつ，ひとつひとつ手作りの活
動を創造し，フィールドづくりを行ってきました．関わることができた農山村
は全国の数からすればわずかですが，この間，近畿圏の行政の方から色々とご
期待いただき，近畿圏の都市農村交流の活性化に一助をもたらしたと言えます．

　そして，私達の活動は，常に，まずは自身が学習，体験を通してその重要性
を実感すること，その実感したことをより多くの人に伝える活動として，シン
ポジウムの開催や直売ボックス活動などのスモールビジネスの実践へとつなげ
てきました．

　以上のように，15年間に多くのことを実践してきましたが，反省点は多数あ
ります．1つ目は，継続的な地域振興にまで結びつけるには至らなかったこと
です．2つ目は，多様な活動を行ってきましたが，他府県含め会員の輪を広げ
るまでには至っていないことです．3つ目は，担い手づくりの支援，若い農業
者等の組織化へ十分には結びつけられなかったこと等です．

　しかし，反省点は，今後の課題と展望ともいえるでしょう．これらの課題を
乗り越えるためには，今後，より多くの人々が参加できる交流の仕組みを企画

すること，特に，新たな農村地域振興の取組み方法として，異なる地域に住む住民が協働するコミュニティビジネス，ソーシャルビジネスへの展開が必要だと言えます．また，海外の人との往来が以前のように戻れば，海外の人と農村の人を結ぶコーディネート役になることも必要となるでしょう．これらの事業を展開する際には，若い農業者に繋げたいと思います．

　この15周年記念の出版事業も，これまでの都市農村交流を通したグリーン・ツーリズムの成果により明らかとなった今後の展望を伝える活動の一環と言えます．私達は，ひとつのキーワードとして「共感」を提案しています．「共感」が生まれる社会づくりに必要なことは何か，私達の挑戦は続きます．

　最後に，この本を手に取っていただいた皆様へ．ぜひ私達の活動の輪に入っていただきますことを呼びかけます．

注

1）　観光カリスマとは，各地で観光振興の核となる人材を育てていくため，「観光カリスマ百選」選定委員会が，その先達となる人々を「観光カリスマ百選」として選定した人々のことで，観光庁の取組みです．

（尾松　数憲）

《執筆者紹介》(執筆順, ＊は編著者)

＊河村律子 (かわむら　りつこ) [序章]

立命館大学国際関係学部教授. NPO 法人日本都市農村交流ネットワーク協会理事長. 京都府京都市生まれ, 専門は農村社会学, 農業経済学. 大学時代に出会った「農」を思考の原点に置く考え方に共鳴し今に至る. 学部のゼミ生とともに10年余り京都府南丹市の集落での地域活性化活動に関わってきた. この活動を経験した卒業生が食や地域と関わる仕事についているのが何よりも嬉しい. 著書に『大学の学びを変えるゲーミング』(晃洋書房, 2020年, 共著) など.

＊中村均司 (なかむら　ひとし) [序章, 第4章, コラム4, 11]

野菜・果物などの自給的栽培と加工のかたわら, 農作業・郷土料理 (主に祭り寿司) などを考察. 石川県能美郡辰口町 (現在の能美市) 生まれ. 京都大学農学部農学科 (作物学) 卒業. 京都府職員として農業教育・普及・行政・試験研究に従事. 退職後, 京都大学東南アジア研究センター実践型地域研究室特任教授. 著書に『モンスーン・アジアの村を歩く』(家の光協会, 2002年, 共著), 『やっぱりおもろい！関西農業』(昭和堂, 2012年, 共著) など.

＊中村貴子 (なかむら　たかこ) [序章, 第6章]

京都府立大学大学院生命環境科学研究科准教授. 大阪府大阪市生まれ. 専門は農業経営学. 学部生時代に初めての畑仕事に感動し, 院生時代に農家の方や女性起業のパワーと農村風景に感動したことをきっかけに, 環境にやさしい農業や生活の普及に貢献したいと考え, 多くの多様な方と出会える大学教員の道へ. 出町柳で「Soup＆Smile」というミニレストランも経営する. 座右の銘は「継続は力なり」. 著書に『地域活性化のデザインとマネジメント』(晃洋書房, 2019年, 共著) など.

＊髙田晋史 (たかだ　しんじ) [序章, 第8章]

神戸大学大学院農学研究科助教. 京都府京都市生まれ. 専門は農業経営学. 学生時代は中国のグリーン・ツーリズムを研究するために, 浙江大学と四川大学に計5年間留学. 滞在中は各地の農村を訪れ, 農作業の手伝いをしたり住民とお酒を飲み明かしたりしながら体当たりで調査を重ねる. 学位取得後は, 兵庫県丹波篠山市で地域おこし協力隊や域学連携のコーディネート業務にも従事. 著書に『地域人材を育てる方法』(農山漁村文化協会, 2022年, 共著) など.

秋津元輝 (あきつ　もとき) [第1章]

京都大学大学院農学研究科教授. 香川県生まれ. 専門は食農社会学, 食農倫理論. 日本農村社会の基礎構造から研究を始めて, その後, 韓国やタンザニア, ハンガリーなどでも農村調査を実施. 近年では, 農村や農業の窮状を救うには都市と消費者側からのアプローチが必須と考えて, 食と農への人々の接し方を問う食農倫理にも手を伸ばしている. 著書に, 『農と食の新しい倫理』(昭和堂, 2018年, 編著), 『小農の復権』(農山漁村文化協会, 2019年, 編著) など.

鹿 取 悦 子 (かとり えつこ) [コラム1]

京都大学大学院農学研究科森林科学専攻森林経理学研究室修士課程修了．6年ほど島根大学農学部（のちに生物資源科学部）の助教を務めたのちに退職し，京都府南丹市美山町に移住．田んぼや畑，貸し農園，宿泊業を行っている観光農園江和ランドに20年近く勤め，現在はフリーランス．田んぼ・畑・狩猟・山＆川ガイド，食品加工など農山村の地域資源を活かす仕事をおこなう．最近はシカ害で衰退する森林の再生に取り組み始めた．

井 上 弘 司 (いのうえ ひろし) [第2章]

CRC合同会社（地域再生診療所）代表．長野県飯田市生まれ．国交省観光カリスマ百選，内閣府地域活性化伝道師，総務省地域力創造アドバイザー，ふるさと財団アドバイザー．全国各地で観光ツーリズム，地域づくり，6次産業化，DMO設置，CMO育成，農山漁村コミュニティビジネス人材育成，廃校活用の相談・指導，地域づくり人材育成など地域再生，活性化のお手伝いをしている．著書に「食農教育で農都両棲の地域づくり」『農村文化運動』164（農山漁村文化協会，2002年），『ドングリの森小学校物語』（講談社，2004年），『観光文化と地元学』（古今書院，2011年）『地域からの未来創生』（学文社，2015年，共著）など．

中 島 慶 雄 (なかじま よしお) [コラム2]

滋賀県守山市出身，1948年生まれ，現在宇治市マンション管理人，NPO法人日本都市農村交流ネットワーク協会会員，NPOの海外研修に4回参加．

片 岡 美 喜 (かたおか みき) [第3章]

高崎経済大学地域政策学部教授．愛媛県松山市生まれ．専門は，農業教育，農業・農村における多面的な価値の発揮に関する研究．愛媛大学大学院連合農学研究科博士課程修了．博士（農学）．学校給食における地産地消や農業体験などに関心をもって研究をはじめ，以後消費者と生産者をつなぐ農業・農村の取組みに関心をもって地域調査を行っている．著書に『農業・農村における社会貢献型事業論』（農林統計出版，2016年，編著）など．

越 江 昭 公 (えちえ あきのり) [コラム3]

エチエ農産代表取締役．京都府京丹後市久美浜町生まれ．高校を卒業後，地元の企業に勤め7年後に実家に帰り農業に従事．家族経営から，法人会社を設立し，エコファーマーから有機JASを取得し環境にやさしい農業を展開．またJGAPも取得して法令を遵守しながら栽培し，SDGsの観点も頭に置きながら，より安心安全な農産物を提供できるように努めている．

北 川 太 一 (きたがわ たいち) [第5章]

摂南大学農学部教授．福井県立大学名誉教授．放送大学客員教授．京都生活協同組合有識監事などを務める．兵庫県西宮市生まれ．専門は農業経済学，協同組合論．大阪市，鳥取市，京都市，福井市と移り住み，現在は，京都府京田辺市在住．中学校時代に経験した頭髪自由化運動で，小さな声を集めていけば，やがて大きな力になり，皆の願いが実現することを実感．今から思えば，協同の原点だったかも．著書に，『新時代の地域協同組合』（家の光協会，2008年），『協同組合の源流と未来』（岩波書店，2017年，共著）など．

伴 亜紀（ばん あき）［コラム 5］

Graine 代表・大阪総合保育大学非常勤講師. 京都府生まれ. 子どもの食と栄養・食と農のコンサルタント. 京都市内の民間病院での栄養業務後, 京都府宇治田原町役場で学校給食・保育所給食・食農団体担当者として町民の食に関わる. 退職後, 食と農のコンシェルジュとして地元産の農産物を使った商品開発・子どもの使いやすい食具の開発販売・保育所・子育て支援などでの食のアドバイスや研修等行う. 著書に『ごちそうさま！また作ってね！から生まれたレシピ集——五感を育む魔法のレシピ——』（自費出版, 2017 年, 共著）,「子どもの食と栄養」『食育活動』（農山漁村文化協会, 2020 年）,『いきいき食育実践集』（芽ばえ社, 2004 年）など.

児玉芳典（こだま よしのり）［コラム 6］

神戸大学農学部卒業. 卒業後和歌山県庁に入庁. 7 年間勤務の後, 家業である有限会社柑香園に入社. 両親と 3 名で約 4ha のみかんを中心とした果樹園の専業農家だったが, 加工や通販, フルーツパーラーなどに取組み, 現在は約 13ha の果樹園と国内 10 店舗のフルーツパーラーを運営. 和歌山県産のフルーツにこだわり, 地場産果物で地方創生に取り組む. 新規就農対策にも取り組み, 10 名以上の研修生が独立している.

鈴木康久（すずき みちひさ）［第 7 章］

京都産業大学現代社会学部教授. 京都府舞鶴市生まれ. 専門は水文化, NPO 論など. 愛媛大学大学院農学研究科を修了後, 京都府庁に入庁. 都市農村交流や総合計画の策定, 地域力再生などに携わった後, 京都産業大学に転職. 2017 年から現職. 京都の水文化を中心に, 水の価値に関する研究に取り組む. 著書に, 『日本とアジアの農業・農村とグリーン・ツーリズム』（昭和堂, 2006 年, 共著）, 『水が語る 京のくらし』（白川書院, 2010 年）, 『京都の地域力再生と協働の実践』（法律文化社, 2013 年, 共著）, 『社会的企業論』（法律文化社, 2014 年, 共著）, 『都市文化政策とまちづくり』（ミネルヴァ書房, 2019 年, 共著）, 『京都の山と川』（中央公論社, 2022 年, 共著）など.

森下裕之（もりした ひろゆき）［コラム 7］

田園紳士代表取締役, 日本都市農村交流ネットワーク協会理事. 京都府立大学大学院生命環境科学研究科単位取得退学. 農学博士（専門は都市農村交流）. 博士取得後, 農林水産省「田舎で働き隊」として, 京都府京丹後市に移住し, 農業活性化に関わる事業を自ら行う. 主に「農業体験ツアー企画」や「農産物の販路拡大」活動をする. 任期終了後は, 継続して事業を行うために, 株式会社田園紳士を立ち上げ, 事業を拡大し, 「農産加工品開発」「イベント企画・運営」なども行う. 2022 年 7 月からは東京で全国地域の農産物や加工品を販売するショップ兼カフェの運営も開始.

小田一彦（おだ かずひこ）［コラム 8］

一般社団法人京都府農業会議副会長, 公益社団法人京のふるさと産品協会理事長, 和食文化学会理事, 農村計画学会評議員. 山口県生まれ. 京都大学農学部農業工学科（農地計画学研究室）を卒業後京都府職員に. 37 年間勤めた京都府を農林水産部長を最後に定年退職し現職. 京野菜ブランド戦略を推進する中, 家庭菜園や料理が趣味となり, 野菜ソムリエの資格を取る. 生産, 流通, 販売, 飲食, 消費, 大学, 行政など様々な団体（者）とのお付き合いがあることから, お声がかかれば喜んで出かけている.

中尾　誠二（なかお　せいじ）[第9章]

福知山公立大学地域経営学部教授．東京都足立区生まれ．専門は都市農村交流．農水省系の財団職員としてグリーンツーリズム関連の業務に携わりながら，少人数分宿型教育旅行等の宿泊先として注目されている「農山漁村民泊・農林漁家民宿」について研究してきた．2011年4月から京都府福知山市の大学で「交流観光等による多自然圏（≠大都市圏）の地域活性化」を目指して研究・実践・教育に取り組んでいる．

今西　静生（いまにし　しずお）[コラム9]

一般社団法人森の京都地域振興社（森の京都DMO）農山村教育体験総合コーディネーター（2021年度より）．京都府京丹後市（久美浜町）生まれ．2008年京都府教育委員会事務局を退職後，京都府庁生活協同組合役員等を経て2014年に日本都市農村交流ネットワーク協会事務局員となる．2015年以降（2021年3月まで）一般社団法人京都丹波・食と森の交流協議会で農山村教育民泊の受入れにコーディネーターとして関わる．

安藤　和雄（あんどう　かずお）[第10章]

京都大学東南アジア地域研究研究所連携教授，名古屋大学大学院生命農学研究科森林・環境資源科学専攻客員教授，NPO法人平和環境もやいネット副理事長．愛知県名古屋市生まれ．専門は地域研究，農村開発，熱帯農学．過疎・農業離れ問題をグローバル問題群の一つと位置づけ，日本と東南アジア・南アジアをつなぐ実践型地域研究をバングラデシュ，ブータン，ミャンマーや滋賀，京都府で実施してきた．地域研究はどこにいても，どんな生活，職場にいてもできるし，やらなければならない，生きるための行為と位置付けている．学問の再生のために，問題と対峙し，行動・実践への自覚をいかに芽生えさせるかを追求している．著書に『東ヒマラヤ――都市なき豊かさの文明（環境人間学と地域）――』（京都大学学術出版会，2020年，編著）など．

坂梨　健太（さかなし　けんた）[コラム10]

京都大学大学院農学研究科准教授．熊本県生まれ．専門はアフリカ地域研究，農業経済学．熱帯アフリカを対象にカカオ経済や森林保全の影響などを調査してきた．日本とアフリカの往復を続けることで，現場の面白さを経験してきたが，コロナ禍で滞る．現在は在日アフリカ人の調査をおこなうなど，アフリカとの関わりを何とか保とうとしている．著書に『アフリカ熱帯農業と環境保全――カメルーンカカオ農民の生活とジレンマ――』（昭和堂，2014年），『日本で働く――外国人労働者の視点から――』（松籟社，2021年，共著）など．

河村　能夫（かわむら　よしお）[第11章]

龍谷大学名誉教授，京都府立農業大学校名誉校長．専門は農村開発社会学（米国コーネル大学PhD）．アフリカ，東南アジア，南アジアの多数のJICA農村開発プロジェクトに関わる（JICA理事長賞：2021年）．国内では北海道オホーツク地域，京都府，滋賀県，兵庫県の農村地域のフィールド研究や開発プロジェクトに関わる．同時に，大学の地域連携システム構築に携わる．著書に『大学はコミュニティの知の拠点となれるか――少子化・人口減少時代の生涯教育――』（ミネルヴァ書房，2016年，共編著）など．

尾 松 数 憲（おまつ　かずのり）［終章］

大阪府立農業大学校講師，博士（農学）．JA 京都やましろ経営アドバイザー，京都府立医科大学・府立大学生協特定監事．兵庫県丹波市生まれ．学生時代から大学生協運動に参加．卒業後，京都生活協同組合で運営部長，商品部長，常務理事等歴任．生協では食の安全・安心政策，コープ商品開発，産直運動，協同組合間の連携・連帯運動の推進をはかる．退職後，京都府米食推進協会専務理事で，京都農業の振興，京都米の普及に取り組む．著書に「生産者と消費者が連携し協同型の農業農村づくりをめざす——農業生産法人（有）王隠堂農園（株）パンドラファームグループの挑戦」『食料・農業・農村の六次産業化』8（農林統計協会，2018年）．

共感の農村ツーリズム
——人の流動・経済循環を創りたい——

| 2023年1月20日　初版第1刷発行 | ＊定価はカバーに |
| 2023年12月25日　初版第2刷発行 | 表示してあります |

編著者　　河　村　律　子
　　　　　中　村　均　司　©
　　　　　中　村　貴　子
　　　　　高　田　晋　史

発行者　　萩　原　淳　平

印刷者　　江　戸　孝　典

発行所　　株式
　　　　　会社　晃　洋　書　房
〒615-0026　京都市右京区西院北矢掛町7番地
　　　　　　電話　075 (312) 0788番代
　　　　　　振替口座　01040-6-32280

装丁　吉野　綾　　　　　印刷・製本　共同印刷工業㈱

ISBN978-4-7710-3698-7

エリノア・オストロム 著／原田禎夫・齋藤暖生・嶋田大作 訳
コモンズのガバナンス
——人びとの協働と制度の進化——

A 5 判 324頁
定価4,180円（税込）

白井 信雄・大和田 順子・奥山 睦 編著
SDGs を活かす地域づくり
——あるべき姿とコーディネイターの役割——

A 5 判 194頁
定価2,200円（税込）

池田 潔・前田 啓一・文能 照之・和田 聡子 編著
地域活性化のデザインとマネジメント
——ヒトの想い・行動の描写と専門分析——

A 5 判 240頁
定価2,970円（税込）

岩崎 達也・高田 朝子 著
本 気 で，地 域 を 変 え る
——地域づくり3.0の発想とマネジメント——

A 5 判 136頁
定価1,650円（税込）

杉山 友城 編著
新 し い 〈地 方〉を 創 る
——未来への戦略——

A 5 判 248頁
定価2,750円（税込）

金川 幸司・後 房雄・森 裕亮・洪 性旭 編著
協 働 と 参 加
——コミュニティづくりのしくみと実践——

A 5 判 256頁
定価3,080円（税込）

足立 基浩 著
新 型 コ ロ ナ と ま ち づ く り
——リスク管理型エリアマネジメント戦略——

A 5 判 160頁
定価2,090円（税込）

晃 洋 書 房